BTS AG PME-PMI

Réflexe

1re / 2e années

Réussir l'étude de cas (épreuve E5)

Éric Favro

Marianne Greffe-Guimard

Dominique Sicard

Sommaire

Les bons réflexes

COURS ET EXERCICES

Gestion et financement des actifs (GFA)

Gestion des ressources humaines (GRH)

Gestion administrative, planification et communication

Édition : SLJ
Conception intérieure : Élodie Bréda
Conception couverture : Vincent Rioult
Mise en pages : Jouve Saran

ISBN : 978-2-09-164911-5

Les conseils des auteurs

L'épreuve d'Organisation et Gestion de la PME est importante car elle est affectée d'un coefficient 7 et porte sur des éléments du référentiel qui relèvent du programme de première année et de deuxième année.

1 La méthodologie de l'épreuve écrite

Pendant le temps d'installation, commencez à renseigner les copies qui sont disponibles sur votre bureau : nom, prénom, indication du BTS, repère de l'épreuve indiqué au tableau. Mettez de côté la ou les feuilles annexe à rendre éventuellement avec la copie.

a) La lecture du sujet

Tout d'abord, ainsi que vous y êtes invité, vérifiez que le sujet qui vous est remis comporte le nombre indiqué de pages.

Puis identifiez les différents dossiers et la thématique de chacun : dossier de Gestion des ressources humaines, dossier de Financement des actifs, dossier d'Organisation et Planification administrative, etc.

Lisez ensuite attentivement la présentation du cas afin de bien comprendre le contexte de l'entreprise, son positionnement et ses objectifs. En effet, de nombreuses pistes sont fournies, permettant d'orienter les réponses que vous apporterez ensuite aux différents dossiers. N'hésitez pas à surligner les points qui vous semblent importants dans cette présentation.

Enfin, prenez connaissance des questions à traiter dans chaque dossier (sans lire les annexes) pour évaluer le temps que vous allez consacrer à chacun en fonction de votre aisance dans la matière. Les dossiers sont indépendants et la réponse apportée à l'un ne conditionne pas le dossier suivant ; cependant, il est généralement recommandé de les traiter dans l'ordre pour plus de cohérence.

b) La lecture des dossiers

Lisez attentivement le contexte des dossiers et les questions posées de façon à y répondre de manière adéquate et pertinente. Le traitement des dossiers nécessite la mobilisation de vos connaissances et doit permettre de démontrer votre maîtrise des outils et méthodes acquis pendant votre cursus. Il faut donc d'abord réaliser le travail demandé et ensuite s'appuyer sur ce travail pour justifier la réponse donnée.

Exemple → Dans un premier temps il vous est demandé de réaliser une étude en utilisant les outils ou méthodes pertinentes (calcul d'un budget, réalisation d'un planning, etc.) puis dans un deuxième temps vous communiquez vos résultats et vous les commentez si nécessaire.

Enfin, lisez les annexes qui vont vous fournir les données nécessaires au traitement des dossiers. Toutes ces annexes ne présentent pas le même intérêt, il vous faut donc distinguer l'important de l'accessoire.

2 L'organisation du travail et la gestion du temps

Vous disposez de quatre heures que vous allez répartir ainsi :

1/2 heure	Lecture du sujet, prise de connaissance des thématiques des dossiers, évaluation du temps nécessaire pour chacun.
2 heures	Traitement des dossiers au brouillon.
1 heure	Rédaction des réponses sur la copie en veillant à les numéroter.
1/2 heure	Relecture attentive de la copie, orthographe, pagination.

Préparez une feuille de brouillon pour chaque dossier et chaque question traitée en indiquant précisément leur numéro afin de les retrouver rapidement au moment de la recopie.

Si vous butez sur une question, inutile de vous obstiner ; avancez dans votre travail et attelez-vous aux autres dossiers. Vous y reviendrez plus tard s'il vous reste suffisamment de temps. Cependant, efforcez-vous de traiter même partiellement tous les dossiers, il y a toujours quelques points à récupérer, ne serait-ce que dans la conception d'un tableau ou dans l'ébauche de rédaction d'un courrier.

3 La présentation de la copie

Vous rédigerez vos réponses sur les feuilles de copie en identifiant clairement le numéro du dossier et des questions auxquelles vous répondez. Ne recopiez pas les questions, c'est une perte de temps inutile.

Les travaux à réaliser (tableau, courrier, schéma, etc.) seront de préférence présentés sur une seule feuille.

Veillez à rédiger des réponses structurées et avec une syntaxe claire (sujet, verbe, complément) et surtout évitez de recopier les annexes.

Écrivez proprement et lisiblement au stylo et non au crayon. Le correcteur ne doit pas penser que vous lui rendez un travail bâclé et inachevé.

Ne rendez pas vos brouillons, même si vous n'avez pas eu le temps de les recopier au propre, le correcteur ne les corrigera pas.

Pendant le dernier quart d'heure, vous relirez soigneusement votre copie en traquant les fautes d'orthographe, effectuerez les quelques améliorations de présentation nécessaires, vérifierez que vous n'avez pas mentionné par mégarde votre nom sur une copie et paginerez l'ensemble de votre dossier (1/N, 2/N, etc.), y compris les annexes à rendre éventuellement avec la copie.

Bon courage et bonne réussite !

Les auteurs

L'épreuve d'organisation et gestion de la PME (E5)

Épreuve : écrite, **durée :** 4 heures, **coefficient :** 7.

1 Finalités et objectifs de l'épreuve

L'épreuve E5 a principalement pour objectif d'évaluer les compétences du candidat en situation d'analyse et de résolution de problèmes d'organisation et de gestion que l'on peut rencontrer au sein des PME (petites et moyennes entreprises). Le(a) candidat(e) est donc placé(e) dans une situation de contexte professionnel proche de la réalité.

La principale difficulté va donc consister pour le candidat à montrer qu'à l'issue de son cursus d'études, il maîtrise les compétences et savoirs associés lui permettant de prendre en compte le contexte organisationnel proposé, de l'analyser, d'utiliser des méthodes et des outils adaptés pour avancer des solutions professionnelles et pertinentes dans un souci d'exactitude et de qualité de communication.

2 Contenu de l'épreuve

L'épreuve E5 rassemble les compétences, les attitudes professionnelles et les savoirs associés dans les domaines suivants :

- gestion administrative du personnel (activité A.3.1) ;
- participation à la gestion des ressources humaines (activité A.3.2) ;
- organisation et amélioration du travail administratif et des activités, participation à une organisation de travail collaboratif (A.4.1, A.4.2 et A.4.3) ;
- participation à la gestion des immobilisations et des ressources financières (A.5.1 et A.5.2) ;
- communication externe, afin de contribuer à la valorisation de l'image de l'entreprise (activité A.8.2).

Ces différentes activités sont abordées au cours des deux années :

- en première année, les activités A4 concernant l'organisation et la planification dans l'entreprise ;
- en deuxième année, toutes les autres activités : A3, Administration et développement des ressources humaines ; A5, Gestion et financement des actifs et A.8.2, Communication externe.

L'épreuve dans sa forme aboutie ne peut donc être réalisée qu'en deuxième année lorsqu'une partie du programme a déjà été abordée. Mais il est important de garder à l'esprit qu'une partie de l'épreuve porte sur le programme de première année et ne doit donc pas être oubliée.

3 La forme de l'épreuve

L'épreuve E5 revêt la forme d'une étude de cas inspirée d'une situation réelle d'entreprise et se décompose généralement en trois dossiers permettant de couvrir les différents points du référentiel précédemment rappelés.

En introduction aux dossiers, une présentation de l'entreprise situe celle-ci dans son contexte professionnel et fournit des données d'ordre organisationnel, structurel, conjoncturel et/ou stratégique qui doivent permettre au candidat d'organiser sa réflexion en vue de la résolution des différents problèmes posés.

Ceux-ci prennent donc la forme de dossiers à traiter, (en général trois mais cela n'est pas immuable) affectés chacun d'un nombre de points variable et indiqué dans la partie de présentation du sujet.

Exemple → • Dossier 1 : 50 Dossier 2 : 50 Dossier 3 : 40
• Dossier 1 : 40 Dossier 2 : 65 Dossier 3 : 35

Le candidat doit s'efforcer de fournir une réponse à chacun des différents dossiers en proposant des solutions argumentées, claires et cohérentes par rapport à la présentation initiale de l'entreprise.

4 Les critères d'évaluation des correcteurs

Les correcteurs sont incités à privilégier l'analyse et la démarche, en acceptant toute solution qui donne la preuve d'un réel esprit d'analyse et de synthèse. Autrement dit, l'exactitude des réponses n'est pas le critère dominant, ce qui intéresse les correcteurs, c'est la rigueur de la démarche dans la résolution des problèmes posés : utilisation d'outils et de méthodes, pertinence des propositions par rapport à l'ensemble de la situation et de son contexte, vérification et cohérence des résultats.

La présentation et le soin apporté aux différents dossiers, notamment l'expression écrite et l'orthographe, sont également pris en considération et témoignent de votre professionnalisme.

1 Acquérir des immobilisations

Mémoriser

Lorsqu'elle investit, l'entreprise achète une immobilisation. Elle acquiert un bien durable qu'elle va conserver plusieurs années et qui va lui procurer des avantages économiques dans le futur (notamment l'accroissement de son chiffre d'affaires). Ce faisant, elle accroît son patrimoine.

1 Les trois grandes catégories d'investissements

On distingue trois types d'investissements en fonction de leur objectif :

	Investissement		
	De renouvellement	De capacité	De productivité
Objectif	Remplacer un bien usé ou obsolète	Augmenter la capacité de production pour faire face à un accroissement de la demande	Améliorer la compétitivité pour lutter contre la concurrence

2 Le choix d'un fournisseur d'immobilisation

Pour sélectionner un fournisseur, l'entreprise doit considérer plusieurs critères. Les fournisseurs se voient présenter par l'entreprise un cahier des charges qui décrit les objectifs de l'investissement, ses spécificités techniques, les prestations attendues (notamment en matière de maintenance et de formation du personnel) ainsi que les contraintes budgétaires.

Critères	Objectifs visés
Qualité	Investissement fiable qui doit donner satisfaction dans les objectifs de production
Prix	Meilleur rapport qualité/prix, réductions possibles
Service après-vente (SAV)	Maintenance, dépannage rapide ou remplacement du bien
Image	Fournisseur connu pour son savoir-faire et sa fiabilité
Santé financière	Un fournisseur en difficulté financière risque de ne pouvoir satisfaire les exigences de maintenance et de SAV
Formation du personnel	Le fournisseur ne doit pas seulement installer le matériel, mais également former le personnel à son utilisation immédiate et future (évolution technologique)

3 Le coût d'acquisition des immobilisations

Éléments faisant partie du coût d'acquisition	Particularités
Prix d'achat HT	Ajouter les droits de douane et enlever les réductions commerciales (ristournes, remises, rabais) et financières (escompte)
Coûts engagés pour mettre le bien en état de fonctionner	Ajouter les frais de port, d'installation et de mise en service, les honoraires des professionnels (architecte, expert...)
Coûts liés à la suppression de l'ancienne immobilisation	Inclure les coûts de démantèlement et d'enlèvement du bien, les honoraires des professionnels
Droits de mutation et frais d'actes	Ils font partie du coût d'acquisition, mais peuvent sur option être comptabilisés dans un compte de charge

Trois particularités se distinguent :
– les logiciels indissociés (inclus dans le prix d'achat de l'ordinateur) font partie intégrante du matériel informatique (seuls les logiciels acquis séparément sont enregistrés dans le compte « 205 Logiciels ») ;
– les frais de formation du personnel ne peuvent faire partie du coût d'achat et sont enregistrés dans un compte de charge ;
– les « petites immobilisations » dont la valeur d'acquisition HT ne dépasse pas 500 € sont enregistrées dans un compte de charge (dépense courante).

Exemple 1 → Soit un matériel de levage acquis 18 000 € HT ; une remise de 500 € est accordée. Le transporteur a facturé 300 € HT et les frais de mise en service se sont élevés à 1 200 € HT. Une formation du personnel pour le maniement du matériel a été facturée 1 000 € HT. Coût d'acquisition : 18 000 – 500 + 300 + 1 200 = 19 000 €. Les frais de formation du personnel ne peuvent faire partie du coût d'acquisition et sont enregistrés dans un compte de charge.

Exemple 2 → Une entreprise achète une perceuse électrique d'un montant HT de 380 €. La valeur de ce bien est trop faible pour qu'il soit considéré comme une immobilisation, car elle est inférieure à 500 €. L'entreprise l'enregistrera dans un compte de charge.

4 L'évaluation des immobilisations par composants

Il est nécessaire de distinguer les composants de chaque immobilisation en fonction de leur durée de vie (exemple : la durée de vie d'un moteur d'une grue est de 5 ans et celle de sa structure principale de 10 ans). Les composants qui doivent faire l'objet d'un remplacement à intervalles réguliers sont détachés de la structure principale et font l'objet d'un plan d'amortissement séparé (voir Fiche n° 2).

On distingue deux catégories de composants :

Composants de 1re catégorie	Composants de 2e catégorie
Ils doivent faire l'objet d'un remplacement à intervalles réguliers (exemple : les sièges d'un véhicule de transport de passagers). Ils doivent donc être comptabilisés et amortis à part.	Il s'agit de dépenses prévisionnelles de gros entretien ou de grandes révisions qui font l'objet de programmes pluriannuels (exemple : entretien des toitures et des charpentes). Le coût de l'entretien est inclus dans le prix d'achat.

Attention : si le bien est remplacé avant d'atteindre la durée de vie la plus courte d'un des composants, la méthode des composants ne s'applique pas. (Exemple : la durée de vie d'un moteur de camion est de 5 ans et celle de sa structure principale de 10 ans. Si les camions sont systématiquement remplacés tous les 4 ans, il est inutile de différencier les composants à la base.)

Exemple → Acquisition et installation d'un ascenseur dans un immeuble pour un montant de 90 000 €. La machinerie a une durée de vie de 15 ans, la cabine de 8 ans (coût : 30 000 €) et le système de télésurveillance de 5 ans (coût : 5 000 €).

Composants	Durée de vie	Valeurs
Machinerie	15 ans	90 000 – 30 000 – 5 000 = 55 000 €
Cabine	8 ans	30 000 €
Système de télésurveillance	5 ans	5 000 €

Exercice

S'entraîner

Calculer le coût d'acquisition d'une immobilisation. Effectuer un choix en fonction de différents critères

L'entreprise Sevigo doit s'équiper d'un traceur de plans numériques capable d'imprimer des plans de grande dimension sur différents supports : papier et polyester. Une demande de devis accompagnée d'un cahier des charges (document 1) a été envoyée à plusieurs fournisseurs. Trois d'entre eux ont adressé leurs devis (documents 2 à 4).

Travail à faire

1. Remplissez le tableau comparatif de calcul du coût d'entrée du matériel pour chaque proposition (document 5).
2. En fonction des différents critères indiqués dans le document 1 et des coûts établis dans le document 5, sélectionnez le matériel qui respecte tous les éléments du cahier des charges. Vous présenterez vos résultats dans un tableau comparatif.

Corrigé p. 172

Document 1

Cahier des charges

Le budget pour ce matériel se situe entre 11 000 et 13 000 € HT.
Mise en service : fixée au plus tard le 31 mai N.
Il est nécessaire de prévoir une démonstration du matériel pour que le service technique puisse procéder à des tests d'impression.
Le règlement des fournisseurs d'immobilisations s'effectue dans un délai de 30 jours à compter de la date de mise en service de l'immobilisation. Nous bénéficions d'un escompte de 2 % en cas de règlement au comptant.
Pour ce type de matériel, une formation est nécessaire. Elle sera dispensée dans les locaux de l'entreprise au plus tard 5 jours après sa mise en service.
Il est souhaitable que la garantie offerte soit au minimum de 2 années.

Document 2

Devis des établissements Joly

Ets JOLY
16, rue Printemps
13680 Lançon-de-Provence

DEVIS *Valable 1 mois*

Société SEVIGO
141, rue Paradis
13006 MARSEILLE

Le 30/04/N

Réf.	Désignation	Q	PU	Remise	Montant HT
145960	Traceur SWP 4589	1	12 300,00	5 %	11 685,00
	Frais de port				150,00
	Total HT				11 835,00
	TVA à 20 %				2 367,00
	Total TTC				**14 202,00**

Pour toute démonstration, merci de contacter le service technique.
Le règlement s'effectue à 30 jours fin de mois.
Escompte de 2 % en cas de paiement au comptant.
La formation est assurée par nos soins dans les 15 jours de la mise en service.
Matériel garanti 2 ans pièces et main-d'œuvre.

Document 3

Devis de la société Biplan

BIPLAN SA
9, rue des Maçons
84120 Pertuis

DEVIS *Valable 1 mois*

Société SEVIGO
141, rue Paradis
13006 MARSEILLE

Le 05/05/N

Réf.	Désignation	Quantité	Montant
T74859	Traceur couleur 85963	1	12 500,00
	Frais de mise en service		300,00
	Frais de port		100,00
	TVA à 20 %		2 580,00
	Total TTC		**15 480,00**

Nous pouvons livrer ce matériel à compter du 15 juin N.
Règlement à 30 jours fin de mois.
Aucun escompte n'est accordé en cas de règlement au comptant.
La formation est assurée dans les 3 jours suivant l'installation.
Le matériel est garanti 1 an pièces et main-d'œuvre.
Une démonstration est assurée par nos soins.

Document 4

Devis de la société Infograf Sud

INFOGRAF SUD Allée Léon-Blum 84200 CARPENTRAS Le 03/05/N	DEVIS	*Valable 1 mois* Société SEVIGO 141, rue Paradis 13006 MARSEILLE

Référence	Désignation	P.U.H.T.
P45896	Traceur TR45896	12 000,00
	Frais de port	100,00
	TVA 20 %	2 420,00
	Total TTC	**14 520,00**

Le matériel est garanti 2 ans pièces et main-d'œuvre.
Ce matériel est disponible dès le 15 mai N.
Un escompte de règlement de 2 % est accordé en cas de règlement anticipé (règlement normal dans les 30 jours de la vente).
La formation est assurée le lendemain de l'installation.
La livraison et la mise en service sont effectuées dans un délai d'un mois suivant l'acceptation du devis.
Une démonstration technique est assurée sur demande.

Document 5

Tableau de calcul du coût d'entrée du matériel pour chaque devis

Éléments	Ets JOLY	BIPLAN SA	INFOGRAF SUD
Traceur : prix de départ Remise accordée (–)			
Net commercial Frais de mise en service (+) Frais de port (+)			
Montant HT Escompte accordé (–)			
Net financier HT			

2 Établir le plan d'amortissement

Mémoris

Les immobilisations procurent des avantages économiques, tels que des rentrées d'argent dans le cas d'une machine qui fabrique des biens destinés à être vendus. L'amortissement traduit le* rythme de consommation *de ces avantages économiques répartis dans le temps en fonction de la durée d'utilisation prévue de l'immobilisation.

1 Le montant amortissable d'un actif

Le montant amortissable d'un actif est sa **valeur brute** (valeur d'acquisition ou valeur d'entrée) diminuée de sa **valeur résiduelle** (prix de vente attendu de l'actif à la fin de sa durée d'utilisation) à condition que celle-ci soit à la fois **significative** (sa prise en compte modifie sensiblement le montant des amortissements) et **mesurable** (exemple : contrat de reprise d'un véhicule au bout de 3 ans d'utilisation contre l'achat d'un véhicule neuf).

> Montant amortissable = valeur brute – valeur résiduelle

Exemple → Soit un matériel acquis pour 100 000 € HT et qui fera l'objet d'une reprise par le fabricant à l'issue de sa durée d'utilisation à hauteur de 20 % de son prix d'achat.
Valeur résiduelle : 100 000 × 20 % = 20 000 €.
Valeur amortissable : 100 000 – 20 000 = 80 000 €.

2 L'amortissement linéaire sans valeur résiduelle

L'amortissement linéaire consiste à amortir un bien de manière constante sur sa durée d'utilisation prévue.
Une année entière d'amortissement (annuité) se calcule de la façon suivante :

> Annuité entière : valeur amortissable/nombre d'années d'amortissement

Si le bien a été acquis en cours d'année, il faut calculer un **prorata** pour l'annuité :

> Annuité avec prorata = annuité entière × (n/360 jours) ou (m/12 mois)

Exemple → Soit un matériel industriel acquis 30 000 € le 01/04/N et amortissable sur 3 ans en mode linéaire. La valeur de revente probable du bien au bout de la période d'utilisation (valeur résiduelle) n'est pas significative.
Annuité entière : 30 000/3 ans = 10 000 €.

Nombre de mois d'utilisation la première année : 9 mois (du 01/04 au 31/12).Annuité avec prorata la première année : 10 000 × 9/12 = 7 500 €. Nombre de mois d'utilisation la dernière année : 3 mois (du 01/01 au 31/03). Annuité avec prorata la dernière année : 10 000 × 3/12 = 2 500 €. Le plan d'amortissement du bien est le suivant :

Exercices comptables	Valeur brute	Valeur amortissable	Amortissements	Cumul	Valeur en fin d'exercice[4]
N	30 000	30 000	7 500[1]	7 500	22 500
N+1	30 000	30 000	10 000[2]	17 500	12 500
N+2	30 000	30 000	10 000[2]	27 500	2 500
N+3	30 000	30 000	2 500[3]	30 000	0

(1) 30 000/3 ans x 9/12 mois (du 01/04/N au 31/12/N).

(2) 30 000/3 ans.

(3) 30 000/3 ans x 3/12 mois (du 01/01/N+3 au 31/03/N+3).

(4) Valeur brute – cumul des amortissements.

Ne pas oublier le prorata la dernière année

3 L'amortissement linéaire avec valeur résiduelle

La valeur résiduelle va venir diminuer la valeur amortissable.

Exemple → Cas identique au précédent mais avec une valeur résiduelle de 3 000 €. Le plan d'amortissement se présente ainsi :

Exercices comptables	Valeur brute	Valeur amortissable	Amortissements	Cumul	Valeur en fin d'exercice[5]
N	30 000	27 000[1]	6 750[2]	6 750	23 250
N+1	30 000	27 000	9 000[3]	15 750	14 250
N+2	30 000	27 000	9 000[3]	24 750	5 250
N+3	30 000	27 000	2 250[4]	27 000	***3 000***

(1) 30 000 – 3 000 (valeur résiduelle).

(2) 27 000/3 ans × 9/12 mois (du 01/04/N au 31/12/N).

(3) 27 000/3 ans.

(4) 27 000/3 ans × 3/12 mois (du 01/01/N+3 au 31/03/N+3).

(5) Valeur brute – cumul des amortissements.

En fin d'utilisation, la valeur du bien est égale à sa valeur de revente.

4 L'amortissement technique ou économique

Il s'agit d'amortir un bien suivant des critères plus significatifs, par exemple le nombre d'heures d'utilisation pour une machine ou le nombre de kilomètres parcourus pour un véhicule.

Exemple → Soit un camion acquis en début d'exercice pour une valeur brute de 45 000 € (sans valeur résiduelle) et dont la durée d'utilisation est prévue sur 3 ans mais dont la répartition des avantages économiques attendus est fonction de la distance parcourue du véhicule (200 000 km au maximum) : 70 000 km les deux premières années et 60 000 km la dernière année.

Le plan d'amortissement est le suivant :

Exercices comptables	Valeur brute	Valeur amortissable	Amortissements	Cumul	Valeur en fin d'exercice[3]
N	45 000	45 000	15 750[1]	15 750	29 250
N+1	45 000	45 000	15 750[1]	31 500	13 500
N+2	45 000	45 000	13 500[2]	45 000	0

[1] 45 000 × 70 000/200 000 km.

[2] 45 000 × 60 000/200 000 km.

[3] Valeur brute – cumul des amortissements.

5 L'amortissement par composants

Si une immobilisation est composée de plusieurs éléments devant faire l'objet d'un remplacement à intervalles réguliers ou ayant des rythmes d'utilisation différents, il est nécessaire de comptabiliser et d'amortir **séparément** chaque élément.

Exemple → Soit un camion frigorifique d'une valeur globale de 30 000 € mais composé de deux éléments ayant des durées de vie bien distinctes :
– le matériel roulant d'une valeur de 25 000 € ;
– l'installation frigorifique d'une valeur de 5 000 €.
Le matériel roulant a une durée d'utilisation estimée à 6 ans alors que l'installation frigorifique devra faire l'objet d'un remplacement au bout de 3 ans d'utilisation. Les conséquences sont les suivantes :
– le matériel roulant fera l'objet d'un plan d'amortissement sur 6 ans ;
– l'installation frigorifique fera l'objet de deux plans d'amortissements d'une durée de 3 ans chacun.

6 L'amortissement dégressif

L'amortissement dégressif est un mode d'amortissement plus rapide que les précédents. Ce mode d'amortissement facultatif ne s'applique qu'à certains biens (biens acquis neufs et d'une durée de vie au moins égale à 3 ans). Les principes de l'amortissement dégressif sont les suivants :
– le point de départ de l'amortissement dégressif est le premier jour du mois d'acquisition du bien ;

– la base amortissable est la valeur nette comptable. Lorsque le taux dégressif devient inférieur au taux calculé sur le nombre d'années restant à courir, on applique ce dernier (voir exemple chiffré ci-après) ;
– le taux pratiqué est le suivant : 100 / durée d'utilisation du bien × coefficient dégressif, le coefficient dégressif étant fonction de la durée d'utilisation du bien, comme indiqué dans le tableau ci-après :

Durée d'utilisation ou d'amortissement	Coefficient dégressif
3 et 4 ans	1,25
5 et 6 ans	1,75
Plus de 6 ans	2,25

Exemple → Soit un bien de 10 000 € acquis le 15/03/N et amortissable sur 4 ans. Point de départ de l'amortissement dégressif : 01/03/N, soit 10 mois la première année.
Taux dégressif : 100/4 ans = 25 % × coefficient 1,25 = 31,25 %.
Le plan d'amortissement dégressif est le suivant :

Exercices comptables	Valeur en début d'exercice	Taux calculé sur le nombre d'années restant à courir	Taux dégressif	Taux applicable (on retient le plus élevé)	Amortis-sements	Cumul	Valeur en fin d'exercice
N	10 000,00	100/4 = 25 %	**31,25 %**	31,25 %	2 604,17(1)	2 604,17	7 395,83
N+1	7 395,83(2)	100/3 = **33,33 %**	31,25 %	33,33 %	2 465,28(3)	5 069,44	4 930,56
N+2	4 930,56(2)	100/2 = **50 %**	31,25 %	50 %	2 465,28(4)	7 534,72	2 465,28
N+3	2 465,28(2)	100/1 = **100 %**	31,25 %	100 %	2 465,28(5)	10 000,00	0,00

(1) 10 000 × 31,25 % × 10/12 mois.
(2) Valeur reprise en fin d'exercice précédent.
(3) 7 395,83 × 33,33 % (taux le plus élevé).
(4) 4 930,56 × 50 % (taux le plus élevé).
(5) 2 465,28 × 100 % (taux le plus élevé).

Attention : il n'y a pas de prorata la dernière année, contrairement à l'amortissement linéaire

S'entraîner

Exercice — Présenter des plans d'amortissement

Vous travaillez en qualité d'assistant(e) de gestion au sein de la société Lancar. Cette dernière vient d'acquérir un ensemble d'immobilisations au cours de l'année N, qui figurent dans le tableau ci-dessous :

Immobilisations	Valeur d'acquisition	Valeur résiduelle	Mode d'amortissement	Durée d'utilisation	Date d'acquisition
Matériel industriel	13 000 €	Néant	Technique(1)	4 ans	12/04/N
Ordinateur	3 000 €	500 €(2)	Linéaire	5 ans	01/01/N
Mobilier	2 000 €	Néant	Linéaire	4 ans	01/09/N
Installation de sécurité	2 500 €	Néant	Dégressif(3)	5 ans	17/07/N

(1) Amortissable au nombre d'heures d'utilisation : 10 000 heures la première année, 13 000 heures la deuxième année et 13 500 heures pour chacune des 2 années suivantes.
(2) Valeur de reprise de l'ordinateur à l'issue de la durée d'utilisation, sous condition de l'achat d'un neuf.
(3) Coefficient dégressif applicable : 1,75.

Travail à faire

1. Déterminez la base amortissable de chaque matériel.
2. Expliquez la notion de valeur résiduelle.
3. Pourquoi à votre avis le matériel industriel ne possède-t-il aucune valeur résiduelle ?
4. Quelle distinction faites-vous entre un amortissement linéaire et un amortissement technique ? Quel est le mode d'amortissement le plus représentatif de la réalité ?
5. Présentez les plans d'amortissements relatifs à ces quatre matériels (documents 1 à 4).

Corrigé p. 172

Document 1

Plan d'amortissement technique du matériel industriel

Exercices comptables	Valeur brute	Valeur amortissable	Amortissements	Cumul	Valeur en fin d'exercice
N					
N+1					
N+2					
N+3					

Document 2

Plan d'amortissement linéaire de l'ordinateur

Exercices comptables	Valeur brute	Valeur amortissable	Amortissements	Cumul	Valeur en fin d'exercice
N					
N+1					
N+2					
N+3					
N+4					

Document 3

Plan d'amortissement linéaire du mobilier

Prorata la première année : ....

Prorata la dernière année : ....

Exercices comptables	Valeur brute	Valeur amortissable	Amortissements	Cumul	Valeur en fin d'exercice
N					
N+1					
N+2					
N+3					
N+4					

Document 4

Plan d'amortissement dégressif de l'installation de sécurité

Prorata la première année : ....

Exercice comptables	Valeur en début d'exercice	Taux calculé sur le nombre d'années restant à courir	Taux dégressif	Taux applicable (on retient le plus élevé)	Amortis-sements	Cumul	Valeur en fin d'exercice
N							
N+1							
N+2							
N+3							
N+4							

3 Calculer le retour sur investissement

Lorsqu'une entreprise achète une immobilisation, elle attend un retour sur investissement. Elle va chercher à déterminer au bout de combien de mois ou d'années les dépenses induites par l'investissement (y compris son prix d'acquisition) seront couvertes par les recettes dégagées par ce même investissement.

1 Les flux nets de trésorerie

Pour savoir si un projet d'investissement est rentable, il est nécessaire de comparer le capital investi aux flux de trésorerie, à savoir :

Flux de trésorerie **positifs**	Flux de trésorerie **négatifs**
Recettes	Dépenses
Recettes – Dépenses = Flux nets de trésorerie	
Investissement initial > Flux nets de trésorerie	

Ces flux nets de trésorerie sont évalués chaque année au cours de la durée prévisible des avantages économiques procurés par l'investissement.

2 Élaborer un tableau des flux nets de trésorerie

La construction suit une logique précise indiquée dans le tableau ci-dessous.

Recettes Chiffre d'affaires supplémentaire généré par l'investissement (investissement = acquisition d'une immobilisation)	**Dépenses** Charges supplémentaires réelles + Dotations aux amortissements de l'immobilisation (charge calculée non décaissable mais déductible pour le calcul de l'impôt)
Recettes – Dépenses = Résultat avant impôt	
– Impôt sur les bénéfices (33,1/3 %)	
= Résultat net d'impôt + Dotations aux amortissements (charge calculée non décaissable qui n'est pas une dépense réelle et qui doit être rajoutée au résultat) + Valeur résiduelle de l'immobilisation (prix de vente probable du bien en fin de durée d'utilisation, qui constitue une recette supplémentaire)	
= **Flux nets de trésorerie (à cumuler chaque année)**	

Exemple → L'acquisition d'une perforatrice est envisagée. Les caractéristiques de l'investissement sont précisées dans le tableau suivant :

Coût d'acquisition	100 000 €
Durée d'utilisation prévue	4 ans
CAHT annuel supplémentaire	82 000 € par an pendant 4 ans
Charges d'exploitation supplémentaires	30 000 € par an pendant 3 ans, 39 000 € la quatrième année
Valeur résiduelle	Non mesurable (nulle)
Mode d'amortissement	Linéaire
Taux de l'impôt sur les bénéfices	33,1/3 % (soit 1/3)

Le tableau des flux nets de trésorerie est le suivant :

Éléments	Fin année 1	Fin année 2	Fin année 3	Fin année 4
Chiffre d'affaires supplémentaire	82 000	82 000	82 000	82 000
– Charges d'exploitation supplémentaires	–30 000	–30 000	–30 000	–39 000
– Dotations aux amortissements[1]	–25 000	–25 000	–25 000	–25 000
= Résultat avant impôt	27 000	27 000	27 000	18 000
– Impôt sur les bénéfices (résultat × 33,1/3 %)	–9 000	–9 000	–9 000	–6 000
= Résultat net d'impôt	18 000	18 000	18 000	12 000
+ Dotations aux amortissements[2]	25 000	25 000	25 000	25 000
= Flux nets de trésorerie	43 000	43 000	43 000	37 000
Flux nets de trésorerie cumulés	43 000	86 000	129 000	166 000

[1] 100 000/4 ans = 25 000 € par an. Charge calculée mais non dépensée réellement, qui vient en déduction du résultat avant impôt.

[2] À rajouter au résultat net d'impôt pour le calcul des flux de trésorerie, car il ne s'agit pas d'une dépense réelle.

3 La rentabilité de l'investissement

L'investissement initial doit être inférieur aux flux nets de trésorerie pour que le projet d'investissement soit rentable.

Exemple (Suite) → Total des flux nets de trésorerie (cumul à la fin de l'année 4) : 166 000 €. Montant de l'investissement : 100 000 €. La somme des flux nets de trésorerie étant supérieure au montant initial de l'investissement, on peut envisager de concrétiser le projet.

4 Le délai de récupération du capital investi

On a vu précédemment que le montant cumulé des flux nets de trésorerie doit être supérieur à celui de l'investissement initial afin que l'investissement soit rentable et que le projet se réalise. Mais les entreprises souhaitent surtout connaître au bout de combien de mois ou d'années elles vont pouvoir récupérer le montant initial de l'investissement. C'est un indicateur approximatif du risque : plus le délai sera long, plus le risque sera élevé, et inversement.

Exemple (Suite) ➜ Soit le tableau suivant qui reprend les flux nets de trésorerie. On suppose ceux-ci régulièrement répartis dans l'année :

Fin d'années	Flux nets de trésorerie	Flux nets cumulés
1	43 000	43 000
2	43 000	86 000
3	43 000	129 000
4	37 000	166 000

On s'aperçoit que l'investissement de 100 000 € est récupéré dans le courant de la troisième année.

Flux nets de trésorerie dégagés en année 3 : 43 000 €.
Flux nets de trésorerie mensuels en année 3 : 43 000/12 mois = 3 583 €.
Entre les flux nets cumulés de la fin de l'année 2 (86 000 €) et le montant de l'investissement (100 000 €), il y a une différence de :
100 000 – 86 000 = 14 000 €.

Question

En combien de mois va-t-on dégager un total de flux nets de trésorerie au cours de l'année 3 d'un montant de 14 000 €, en sachant que chaque mois, le montant des flux de trésorerie s'élève à 3 583 € ?

Réponse

14 000/3 583 = 3,9 mois, soit environ 4 mois.

Conclusion

Le délai de récupération du capital investi devrait se situer à la fin du mois d'avril de la troisième année de la durée de vie de l'investissement (si les réalisations sont conformes aux prévisions).

S'entraîner

Exercice

Calculer le retour sur investissement d'une ligne de production

La société agricole Château Lenoir fabrique et commercialise des bouteilles de vin rosé de très grande qualité vendues aux grands restaurants et hôtels du monde entier. Elle a pour projet de fabriquer un vin rosé beaucoup plus fruité et doit pour cela investir dans une nouvelle ligne de production.

Après avoir démarché différents fournisseurs, son choix s'est fixé sur la ligne XP457. La durée de vie de l'investissement, d'un montant de 200 000 €, est estimée à 4 années. Cet investissement sera amorti en fonction du nombre d'heures d'utilisation.

Travail à faire

À l'aide des documents 1 à 4 :

1. Présentez le plan d'amortissement de la ligne de production.
2. Déterminez pour chaque année le montant des flux nets de trésorerie.
3. Calculez le délai de récupération du capital investi.

Corrigé p. 175

Document 1

Nombre d'heures d'utilisation de la ligne de production

N	N + 1	N + 2	N + 3	Total
8 000	15 000	15 000	12 000	50 000

Document 2

Chiffre d'affaires supplémentaire

N	N + 1	N + 2	N + 3
120 000	300 000	350 000	230 000

Document 3

Charges annuelles supplémentaires

Charges	N	N + 1	N + 2	N + 3
Matières et fournitures	40 % du chiffre d'affaires HT chaque année			
Charges d'entretien	5 000	5 000	7 000	10 000
Charges de personnel	20 000	40 000	40 000	30 000

Document 4

Autres informations

La valeur de revente estimée de la ligne de production au bout des 4 années d'utilisation n'est pas déterminable.
Le taux de l'impôt sur les bénéfices est égal au tiers du résultat annuel.
Tous les calculs seront arrondis à l'euro le plus proche.

4 Choisir les modes de financement des immobilisations

Mémoriser

Lorsqu'une entreprise achète une immobilisation, elle attend un retour sur investissement (voir fiche précédente), mais elle doit avant tout pouvoir financer cette immobilisation avec des apports internes ou externes.

1 Les modes de financement interne

On distingue principalement trois formes de financement interne :

Modes de financement interne	Principaux avantages	Principaux inconvénients
Autofinancement	Pas de frais bancaires ni d'intérêts à payer (coût nul).	Peut mobiliser assez fortement la trésorerie et la fragiliser.
Augmentation de capital en numéraire	Coût limité au versement des dividendes. Valorise l'image de l'entreprise (capital plus élevé).	Long et complexe à mettre en place. Risque de perte de pouvoir en faisant entrer de nouveaux associés.
Apports en compte courant d'associé (prêt)	Très rapide à mettre en œuvre. Taux d'intérêt négocié avec l'associé.	L'associé peut vouloir récupérer ses fonds plus rapidement que prévu.

2 Les emprunts bancaires

Il s'agit d'un mode de financement externe assez répandu. Chaque mois, on rembourse une partie du capital emprunté augmenté des intérêts à payer. Plus la durée est longue, plus le montant des intérêts (coût de l'emprunt) est élevé. Il faut également tenir compte du taux d'intérêt qui sera plus ou moins élevé selon que l'investissement est plus ou moins risqué.

Emprunts bancaires	Principaux avantages	Principaux inconvénients
Emprunt partiel	Le fait d'effectuer un apport personnel (apprécié des banquiers) permet de préserver une partie de la trésorerie.	Intérêt à payer à chaque remboursement. Permet d'étaler le financement de l'investissement sur une durée plus longue.
Emprunt total	Permet de préserver la totalité de la trésorerie.	Intérêts plus élevés que dans l'emprunt partiel.

3 L'incidence des emprunts bancaires sur les flux nets de trésorerie (FNT)

Les emprunts bancaires ont une double incidence sur les FNT :
– les charges d'intérêts étant déductibles de la base soumise à l'impôt, ils permettent de réaliser des économies d'impôts ;
– le remboursement du capital emprunté (appelé amortissement de l'emprunt) vient diminuer les FNT.

Exemple → Cas de la fiche précédente (acquisition d'une perforatrice). Si les 100 000 € sont financés par un emprunt total, le montant du capital remboursé et des intérêts à payer pour chaque année à un taux de 5 % l'an sera le suivant :

Composantes de l'emprunt	Année 1	Année 2	Année 3	Année 4
Remboursement du capital	23 201	24 361	25 579	26 859
Intérêts à payer	5 000	3 840	3 622	1 343

Le tableau des FNT sera modifié de la façon suivante (en caractères gras) :

Éléments	Fin année 1	Fin année 2	Fin année 3	Fin année 4
Chiffre d'affaires supplémentaire	82 000	82 000	82 000	82 000
– Charges d'exploitation supplémentaires	–30 000	–30 000	–30 000	–39 000
– Intérêts de l'emprunt	*–5 000*	*–3 840*	*–3 622*	*–1 343*
– Dotations aux amortissements	–25 000	–25 000	–25 000	–25 000
= Résultat net avant impôt	*22 000*	*23 160*	*23 378*	*16 657*
– Impôt sur les bénéfices (résultat x 33,1/3 %)	*–7 333*	*7 720*	*–7 793*	*–5 552*
= Résultat net d'impôt	*14 667*	*15 440*	*15 585*	*11 105*
+ Dotations aux amortissements	25 000	25 000	25 000	25 000
– Remboursement du capital emprunté	*–23 201*	*–24 361*	*–25 579*	*–26 859*
= Flux nets de trésorerie (FNT)	*16 466*	*16 079*	*15 006*	*9 246*
Flux nets de trésorerie cumulés	*16 466*	*32 545*	*47 551*	*56 797*

On peut s'apercevoir que le montant cumulé des FNT en fin d'année 4 (56 797 €) est inférieur au montant de l'investissement (100 000 €). Le fait d'avoir financé l'investissement à l'aide d'un emprunt total à un taux d'intérêt annuel de 5 % a très fortement contribué à dégrader la rentabilité de cet investissement.

4 Le crédit-bail

Le crédit-bail est une location avec option d'achat possible du matériel en fin de contrat.

Principaux avantages	Principaux inconvénients
Ne nécessite pas d'apport ni d'emprunt. La charge de crédit-bail est déductible du résultat soumis à l'impôt.	Coût élevé. L'entreprise n'est pas propriétaire du bien et ne peut donc l'amortir (pas de charge d'amortissement déductible).

5 L'incidence du crédit-bail sur les flux nets de trésorerie (FNT)

Le crédit-bail aura les incidences suivantes sur les FNT :
– augmentation des charges (loyers) qui seront déductibles des impôts ;
– disparition des dotations aux amortissements, car le bien n'appartient pas à l'entreprise ;
– le rachat éventuel du bien en fin de contrat viendra diminuer les FNT.

Exemple (Suite) → Même cas que précédemment (acquisition d'une perforatrice de 100 000 €). Si la perforatrice est louée en crédit-bail à hauteur de 35 000 € par an et le bien racheté au bout des 4 ans pour 10 000 €, le tableau des FNT sera modifié de la façon suivante (en caractères gras) :

Éléments	Fin année 1	Fin année 2	Fin année 3	Fin année 4
Chiffre d'affaires supplémentaire	82 000	82 000	82 000	82 000
– Charges d'exploitation supplémentaires	–30 000	–30 000	–30 000	–39 000
– Charges de crédit-bail (loyers)	***–35 000***	***–35 000***	***–35 000***	***–35 000***
= Résultat net avant impôt	***17 000***	***17 000***	***17 000***	***8 000***
– Impôt sur les bénéfices (résultat x 33,1/3 %)	***–5 667***	***–5 667***	***–5 667***	***–2 667***
= Résultat net d'impôt	***11 333***	***11 333***	***11 333***	***5 333***
– Rachat du bien en fin de contrat				***–10 000***
= Flux nets de trésorerie	***11 333***	***11 333***	***11 333***	***–4 667***
Flux nets de trésorerie cumulés	***11 333***	***22 666***	***33 999***	***29 332***

On s'aperçoit que le cumul des FNT en fin d'année 4 (29 332 €) est très largement inférieur à l'investissement de départ (100 000 €) et à celui financé par l'emprunt évoqué plus haut (56 797 €).

→ **Il est nécessaire de chiffrer l'incidence de chaque mode de financement sur les FNT.**

Exercice

S'entraîner

Calculer le retour sur investissement d'un matériel industriel en fonction de son mode de financement

La société agricole Château Lenoir s'est fixée sur la ligne de production XP457. La durée de vie de l'investissement, d'un montant de 200 000 €, est estimée à 4 années. Vous avez déjà traité le retour sur investissement dans la fiche précédente, mais sans tenir compte du mode de financement. La société hésite entre deux modes de financement (document 1). Vous disposez du tableau des flux nets de trésorerie qui ne tient pas compte de l'incidence des modes de financement (document 2).

Travail à faire

1. En tenant compte des calculs déjà effectués dans le document 2, présentez les tableaux des flux nets de trésorerie pour chaque mode de financement.
2. Indiquez quel mode de financement choisir en fonction des résultats trouvés.

Corrigé p. 176

Document 1

Modes de financement de la ligne de production

La société hésite entre deux modes de financement :
- un financement partiel par emprunt bancaire à hauteur de 50 000 € sur 4 ans au taux annuel de 4,5 % qui va engendrer les dépenses suivantes :

Composantes de l'emprunt	N	N + 1	N + 2	N + 3
Remboursement du capital	11 687	12 213	12 763	13 337
Intérêts à payer	2 250	1 724	1 174	600

- un financement par crédit-bail qui engendre des loyers annuels HT d'un montant de 65 000 €. Il n'est pas prévu de racheter la ligne de production au bout des 4 années d'exploitation.

Document 2

Tableau des flux nets de trésorerie

Éléments	Fin N	Fin N + 1	Fin N + 2	Fin N + 3
Chiffre d'affaires supplémentaire	120 000	300 000	350 000	230 000
– Charges (hors amortissements)	–73 000	–165 000	–187 000	–132 000
– Dotations aux amortissements	–32 000	–60 000	–60 000	–48 000
= Résultat net avant impôt	15 000	75 000	103 000	50 000
– Impôt sur les bénéfices (résultat x 1/3)	–5 000	–25 000	–34 333	–16 667
= Résultat net d'impôt	10 000	50 000	68 667	33 333
+ Dotations aux amortissements	32 000	60 000	60 000	48 000
= Flux nets de trésorerie	42 000	110 000	128 667	81 333
Flux nets de trésorerie cumulés	42 000	152 000	280 667	362 000

5 Analyser le bilan et le compte de résultat

Une entreprise qui investit peut avoir besoin de financer son achat d'immobilisation par un emprunt bancaire (voir Fiche n° 4). Le banquier, avant d'accorder un prêt, va vérifier si l'entreprise remplit les conditions d'équilibre financier et de rentabilité en procédant à l'analyse du bilan et du compte de résultat.

1 Le bilan

Il s'agit d'un document normalisé qui permet d'évaluer le patrimoine d'une entreprise. Il est classé par degré de liquidité (temps nécessaire pour transformer un bien en valeur monétaire) à l'actif et par degré d'exigibilité (délai accordé pour le paiement d'une dette) au passif.

Liquidité	ACTIF	Éléments	PASSIF	Éléments	Exigibilité
Faible ↓ Élevée	Ce que l'entreprise possède	Immobilisations Stocks Créances clients Avoirs en banque Avoirs en caisse	Le capital + ce que l'entreprise doit (dettes)	Capital Réserves Résultat Emprunts Dettes fournisseurs Dettes fiscales...	Faible ↓ Élevée

2 Le bilan fonctionnel

Un bilan comptable n'est pas exploitable par lui-même. Il est nécessaire de le transformer en bilan dit **fonctionnel** (regroupement à l'actif et au passif par grandes masses). Cette fonction est réservée au comptable. L'assistant(e) de gestion récupère le bilan fonctionnel en vue de son analyse ultérieure.

Exemple → Exemple de bilan fonctionnel

ACTIF ou EMPLOIS	SOMMES	PASSIF ou RESSOURCES	SOMMES
EMPLOIS STABLES	50	*RESSOURCES STABLES*	60
Immobilisations (50)		Capital et réserves (50)	
EMPLOIS CIRCULANTS	40	Dettes à moyen et long terme (10)	
Stocks (10)		*DETTES À MOINS D'UN AN*	35
Créances clients (30)		Dettes fournisseurs (30)	
TRÉSORERIE ACTIF	10	Dettes fiscales et sociales (5)	
Banque (8)		*TRÉSORERIE PASSIF*	5
Caisse (2)		Concours et découverts bancaires (5)	
TOTAL	100	TOTAL	100

3 L'analyse du bilan fonctionnel

Le bilan fonctionnel sert à l'analyse de l'équilibre de la structure financière à partir de trois éléments fondamentaux :
– le fonds de roulement net global (FRNG) ;
– le besoin en fonds de roulement (BFR) ;
– la trésorerie nette (TN).

3.1. Le fonds de roulement net global (FRNG)

FRNG = Ressources stables – Emplois stables

Le FRNG permet de vérifier que les emplois stables (immobilisations, donc investissements) sont bien couverts par des ressources stables (capitaux à moyen et long terme). Un investissement mal financé (par exemple par des dettes à moins d'un an) peut déséquilibrer la structure financière.

Exemple (suite) → À partir du bilan fonctionnel, calculez le FRNG et commentez son équilibre.
FRNG = 60 – 50 = +10 (positif).
L'entreprise possède suffisamment de ressources à moyen et long terme pour financer ses immobilisations.

3.2. Le besoin en fonds de roulement (BFR)

BFR = Emplois circulants – Dettes (ressources) à moins d'un an

Le BFR permet d'évaluer les besoins de financement à moins d'un an générés par l'exploitation de l'entreprise. Les stocks et les délais de paiement accordés aux clients (créances) entraînent des besoins en trésorerie, souvent financés en partie ou en totalité par les délais de paiement accordés par les fournisseurs (dettes fournisseurs). Le BFR doit être le plus faible possible, voire négatif (situation idéale, car l'entreprise dégage plus de ressources que de besoins de financement à court terme).

Exemple (Suite) → À partir du bilan fonctionnel, calculez le BFR et commentez son équilibre.
BFR = 40 – 35 = +5.
Le BFR est positif (il existe un besoin de financement), mais n'est pas trop élevé.

3.3. La trésorerie nette (TN)

TN = Trésorerie actif – Trésorerie passif **ou** TN = FRNG – BFR

La trésorerie nette doit bien entendu être positive. Le fait d'avoir un FRNG supérieur au BFR y contribue.

Exemple (Suite) → À partir du bilan fonctionnel, calculez la TN de deux manières et commentez son équilibre.

TN = 10 – 5 = +5.

TN = FRNG (10) – BFR (5) = +5.

La trésorerie est équilibrée et représente 5 % (5/100) des ressources du bilan.

4 Le compte de résultat

Le compte de résultat est un document normalisé qui reprend l'ensemble des produits (recettes) et des charges (dépenses) engagés par une entreprise au cours d'une période donnée (en règle générale, l'année civile). La différence entre les produits et les charges donne le résultat de l'exercice :

Si Produits > Charges	Si Produits < Charges
→ Bénéfice	→ Perte

5 L'analyse du compte de résultat

5.1. Les soldes intermédiaires de gestion (SIG)

La construction du résultat final est analysée étape par étape, comme indiqué dans le tableau suivant :

Ventes de marchandises	10 000
– Coût d'achat des marchandises vendues	–3 000
= **Marge commerciale** (pour les entreprises commerciales)	7 000
Production vendue	3 000
+ Production stockée	500
+ Production mise dans un compte d'immobilisation	100
= **Production de l'exercice** (pour les entreprises industrielles)	3 600

Marge commerciale	7 000
+ Production de l'exercice	3 600
– Consommations en provenance de tiers[1]	–4 000
= Valeur ajoutée (production de richesse)	6 600
– Impôts, taxes et versements assimilés	–300
– Charges de personnel et charges sociales	–1 050

[1] Achats de matières, variation des stocks et charges externes (assurances, entretien, déplacements...).

= Excédent brut d'exploitation (bénéfice brut de l'exploitation) (EBE)	5 250
– Autres charges	–300
– Dotations aux amortissements	–1 000
+ Autres produits	150
+ Reprises sur amortissements	50
= Résultat d'exploitation (bénéfice net de l'exploitation)	4 150
+ Produits financiers	500
– Charges financières	–800
= Résultat courant avant impôt	3 850
+ Produits exceptionnels (prix de cession des actifs cédés)	200
– Charges exceptionnelles (valeur comptable des actifs cédés)	–100
– Impôt sur les bénéfices et participation des salariés	–1 800
= Résultat net d'impôt	2 150

5.2. La capacité d'autofinancement (CAF)

Il existe deux manières de calculer la capacité d'autofinancement :

À partir de l'EBE	À partir du résultat net d'impôt
EBE **+ Total des produits encaissables** (certains produits sont calculés, comme les reprises) : autres produits d'exploitation, produits financiers et produits exceptionnels hors reprises et produits de cession **– Total des charges décaissables** (certaines charges sont calculées, comme les dotations) : autres charges d'exploitation, charges financières et charges exceptionnelles hors dotations et valeur comptable des actifs cédés – Impôt sur les bénéfices et participation	**Résultat net d'impôt** + Dotations aux amortissements – Reprises sur amortissements + Valeur comptable des actifs cédés – Prix de cession des actifs cédés
= CAF	= CAF

La capacité d'autofinancement représente les revenus générés par l'exploitation mais qui ne sont pas nécessairement tous encaissés (décalage dans le temps des encaissements clients).

La CAF permet une évaluation des revenus dégagés par une entreprise et qui **participent au financement** d'une partie des investissements.

Exemple ➜ À partir des SIG précédents, il est possible de calculer la CAF :

À partir de l'EBE	Sommes	À partir du résultat net d'impôt	Sommes
EBE	5 250	Résultat net d'impôt	2 150
+ Autres produits d'exploitation	150	+ Dotations aux amortissements	1 000
+ Produits financiers	500	– Reprises sur amortissements	–50
+ Produits exceptionnels hors reprises et produits de cession	0	+ Valeur comptable des actifs cédés	100
		– Prix de cession des actifs cédés	–200
– Autres charges d'exploitation	–300		
– Charges financières	–800		
– Charges exceptionnelles hors dotations et valeur comptable des actifs cédés	0		
– Impôts sur les bénéfices et participation	–1 800		
CAF	3 000	**CAF**	3 000

5.3. Les ratios

Les ratios sont des rapports qui permettent de mesurer l'évolution de certains composants et de comparer leur évolution dans le temps et l'espace économique (autres secteurs d'activité).

Exemples de ratio d'activité	Exemples de ratio de profitabilité
Ratio de variation du chiffre d'affaires $\frac{\text{(CA de N – CA de N–1)}}{\text{CA de N–1}}$	**Ratio du taux de marge commerciale** $\frac{\text{Marge commerciale}}{\text{Ventes de marchandises}}$
Ratio de variation de l'EBE $\frac{\text{(EBE de N – EBE de N–1)}}{\text{EBE de N–1}}$	**Ratio du taux de marge bénéficiaire** $\frac{\text{Résultat net d'impôt}}{\text{CA}}$

Exercice **Analyser un bilan et des SIG dans le but de négocier un emprunt bancaire**

S'entraîner

La société agricole Château Lenoir s'est dernièrement engagée sur un investissement dans une ligne de production d'un montant de 200 000 € financé partiellement par un emprunt bancaire à hauteur de 50 000 €. Cette demande de prêt va être transmise à la banque, mais la direction souhaite savoir si elle a une chance d'obtenir un avis positif, car la banque va examiner le bilan et le compte de résultat de l'entreprise. Vous disposez des documents 1 et 2 pour réaliser votre mission.

Travail à faire

1. Effectuez un bref commentaire sur l'équilibre de la structure financière du bilan et sur l'évolution des SIG, de la CAF et des ratios entre les exercices N – 1 et N.
2. Au vu des résultats dégagés, la banque peut-elle donner un avis favorable en ce qui concerne l'emprunt ? Justifiez votre réponse.
3. L'entreprise est-elle obligée de recourir à un emprunt partiel ? Justifiez votre réponse.

Corrigé p. 177

Document 1

Analyse du bilan fonctionnel

Éléments	N	N – 1	Variation
Fonds de roulement net global (FRNG)	700 000	650 000	+7,70 %
Besoin en fonds de roulement (BFR)	610 000	590 000	+3,40 %
Trésorerie nette (TN)	90 000	60 000	+50 %

Document 2

SIG, CAF et ratios

Éléments	N	N – 1	Variation
Production de l'exercice	3 750 000	3 300 000	+13,6 %
Valeur ajoutée produite	2 450 000	2 280 000	+7 %
Excédent brut d'exploitation	1 580 000	1 410 000	+12 %
Résultat d'exploitation	1 110 000	970 000	+14,4 %
Résultat courant avant impôt	950 000	800 000	+18,7 %
Résultat net d'impôt	480 000	430 000	+11,6 %
Capacité d'autofinancement	510 000	485 000	+5,1 %
Ratio de marge bénéficiaire(1)	12,80 %	13,03 %	–1,7 %

(1) Résultat net d'impôt/CA (production de l'exercice).

6 Gérer les moyens de paiement et le compte bancaire

Mémorise

L'assistant(e) de gestion doit connaître les différents moyens de paiement utilisés par les clients ou par l'entreprise afin de suivre les flux de trésorerie et éviter les mauvaises surprises (découvert bancaire, créances impayées...). La gestion du compte bancaire passe par la mise en place d'un état de rapprochement périodique entre les soldes bancaires et les soldes de trésorerie.

1 Les différents moyens de paiement et d'encaissement

Ils sont résumés dans le tableau ci-dessous, faisant apparaître leurs avantages et leurs inconvénients.

Moyens	Avantages	Inconvénients
Chèque	Facilité d'utilisation. Coût nul.	Risque d'impayés.
Espèces	Utilisées pour les faibles montants.	Nécessitent une tenue stricte de la caisse pour éviter les erreurs. Risque de vol.
Carte bancaire	Paiement garanti (demande d'autorisation). Virement directement sur le compte bancaire.	Coût parfois élevé sur les transactions et le matériel.
Virement	Rapide et dématérialisé.	Coût (frais sur virement).
Prélèvement automatique	Programmation des opérations. Pas de retard de paiement.	Mise en place parfois lourde sur le plan administratif.
Effet de commerce	Moyen de paiement à crédit (différé). Possibilité d'obtenir une avance de fonds auprès de la banque (escompte de l'effet).	Traitement et suivi parfois lourds. Pas de garantie en cas d'effet impayé si ce dernier n'a pas été accepté.

Un moyen de paiement sera privilégié par rapport aux autres en fonction des avantages qu'il procure et de ses inconvénients limités.

Exemple → De nombreux commerces refusent les chèques bancaires en raison d'un trop grand nombre d'impayés et proposent le paiement par carte bancaire, car une demande d'autorisation est effectuée informatiquement auprès de la banque du client pour vérifier la solvabilité de l'opération.

2 Le fonctionnement du compte bancaire

Lorsqu'une somme est portée au débit dans les comptes de l'entreprise, elle se retrouve au crédit sur le relevé bancaire, et inversement.

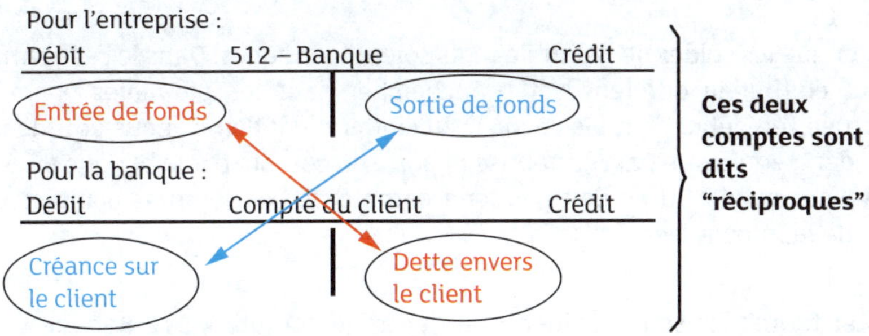

3 Le relevé bancaire

Le relevé du compte bancaire est un document expédié par la banque à l'entreprise. Il s'agit d'un extrait de la propre comptabilité de la banque, qui indique tous les flux de trésorerie correspondant à une période donnée (en règle générale, le mois ou la quinzaine).

Le solde de fin de période (SFP) est égal à :

SFP = solde début de période + entrées de fonds – sorties de fonds

4 La nécessité d'établir la concordance des soldes de fin de période

Les soldes du compte « 512 Banque » et ceux du relevé bancaire expédié par la banque sont rarement identiques, en raison notamment :
– des prélèvements automatiques de certains fournisseurs ;
– de l'imputation par la banque de certains frais (tenue de compte, virement, impayés…) ;
– des chèques envoyés aux fournisseurs non encore portés sur le compte tenu par la banque (un chèque peut être encaissé un ou plusieurs mois après son émission) ;
– des erreurs d'imputation de compte (un chèque déposé est porté sur le mauvais compte) et des inversions de chiffres.

L'état de rapprochement permet de retrouver et d'expliquer ces différences.

5 Les étapes de l'état de rapprochement

Le but de l'état de rapprochement est de déterminer des **soldes identiques** en fin de mois pour l'entreprise et pour la banque.

Étape 1 :
Vérifier que les soldes de **début de mois** soient identiques. Dans le cas contraire, il faut chiffrer la différence et la rechercher dans les premières opérations effectuées en début de mois (le plus souvent, il s'agit d'un chèque émis le mois précédent, enregistré par l'entreprise et porté en compte par la banque au début du mois suivant). On ne doit pas tenir compte de ces sommes pointées dans l'état de rapprochement.

Étape 2 :
Pointer toutes les sommes identiques entre le compte « 512 Banque » et le relevé bancaire.

Étape 3 :
Dresser l'état de rapprochement en faisant figurer les soldes de fin de mois. Reporter dans cet état toutes les opérations ne figurant pas sur l'un ou l'autre des documents (compte « 512 Banque » ou relevé bancaire). Les soldes ainsi dégagés en fin de mois doivent être **identiques**.

Exemple → Soit les comptes suivants :

Compte 512 - Banque			
Dates	Opérations	Débit	Crédit
01/05	Solde initial	200	
05/05	Chèque n° 4		100
07/05	Dépôt espèces	800	
20/05	Chèque n° 5		80
22/05	Chèque n° 6		89
28/05	Dépôt chèques	250	
31/05	Solde final		**981**
Totaux		1 250	1 250

Relevé bancaire			
Dates	Opérations	Débit	Crédit
01/05	Solde initial		250
04/05	Chèque n° 3	50	
07/05	Dépôt espèces		800
21/05	Chèque n° 5	80	
23/05	Chèque n° 6	89	
31/05	Solde final	**831**	
Totaux		1 050	1 050

Étape 1 : les soldes en début de mois sont différents (200 € chez l'entreprise, 250 € sur le relevé bancaire). La différence de 50 € provient du chèque n° 3. **Ce dernier ne doit pas figurer sur l'état de rapprochement.**

Étape 2 : pointage des sommes identiques : dépôt espèces (800 €), chèque n° 5 (80 €), chèque n° 6 (89 €). Seules deux opérations ne figurent pas sur le relevé bancaire.

Compte 512 - Banque			
Dates	Opérations	Débit	Crédit
01-mai	Solde initial	200	
05-mai	Chèque n° 4		100
07-mai	Dépôt espèces	800	
20-mai	Chèque n° 5		80
22-mai	Chèque n° 6		89
28-mai	Dépôt chèques	250	
31-mai	Solde final		981
Totaux		1 250	1 250

Relevé bancaire			
Dates	Opérations	Débit	Crédit
01-mai	Solde initial		250
04-mai	Chèque n° 3	~~50~~	
07-mai	Dépôt espèces		800
21-mai	Chèque n° 5	80	
23-mai	Chèque n° 6	89	
31-mai	Solde final	831	
Totaux		1 050	1 050

Opérations ne figurant pas sur le relevé bancaire

Étape 3 : état de rapprochement bancaire

Opérations bancaires	Compte 512 - Banque		Relevé bancaire	
	Débit	Crédit	Débit	Crédit
Solde de fin de mois	981			831
Chèque n° 4			100	
Remise de chèque				250
Soldes rectifiés		981	981	
Totaux	981	981	1 081	1 081

L'entreprise ne doit procéder à aucune rectification dans ses comptes, car les oublis proviennent de la banque (il s'agit en fait d'opérations en retard qui seront certainement enregistrées le mois suivant par la banque). Par contre, si l'oubli provient de l'entreprise, il est nécessaire d'en tenir compte au niveau du compte « 512 Banque ».

Exemple → Agios bancaires prélevés par la banque.

6 Les conséquences comptables

Les différences constatées avec le relevé expédié par la banque doivent faire l'objet d'écritures comptables du fait que ces opérations n'ont pas été enregistrées en comptabilité.

Exemple → Le virement reçu d'un client, figurant sur le relevé bancaire mais pas sur le compte « 512 Banque », doit faire l'objet d'un enregistrement comptable pour constater à la fois le surplus en banque et la baisse de la créance sur ce client.

S'entraîner

Exercice — Établir un état de rapprochement bancaire

La SARL Janet, domiciliée à GAP dans les Hautes-Alpes, possède un compte bancaire à la Banque des Alpes. Au cours du mois de décembre N, les opérations enregistrées dans le compte « 512 Banque » sont fournies dans le document 1. Le relevé expédié par la banque au cours de la même période figure dans le document 2. Le gérant a commencé à dresser l'état de rapprochement pour le mois de décembre (document 3). Il vous demande de le terminer. On vous précise que les sommes portées sur le relevé bancaire sont exactes.

Travail à faire

1. Précisez l'utilité d'un état de rapprochement bancaire.
2. Quel est le moyen de paiement le plus utilisé par l'entreprise ? Quel risque présente-t-il ?
3. Complétez l'état de rapprochement bancaire (document 3).

Corrigé p. 177

Document 1

Compte 512100 – Banque des Alpes

Dates	Libellés des opérations	Débit	Crédit
01/12	Solde à nouveau au 01/12/N	8 430	
02/12	Remise de chèques	1 800	
03/12	Remise de chèques	1 200	
05/12	Chèque n° 411458		2 600
07/12	Remise de chèques	2 220	
08/12	Chèque n° 411459 (fournisseur Julien)		698
12/12	Chèque n° 411460		750
15/12	Remise de chèques	5 830	
19/12	Virement au fournisseur One Ice		2 500
20/12	Remise de chèques	1 200	
22/12	Chèque n° 411461		600
23/12	Chèque n° 411462		2 000
28/12	Remise de chèques	2 352	
30/12	Chèque n° 411463		500
31/12	Solde débiteur au 31/12/N		**13 384**
Totaux		23 032	23 032

Document 2

Relevé bancaire expédié par la Banque des Alpes

BANQUE DES ALPES – 05000 GAP
Compte n° 00478596 P 45 — Société Janet
Relevé d'opérations du 01/12/N au 31/12/N — 05000 GAP

Dates	Libellés des opérations	Débit	Crédit
01/12	Solde au 01/12/N		8 900
03/12	Remise de chèques		1 800
03/12	Chèque n° 411453	470	
04/12	Remise de chèques		1 200
08/12	Remise de chèques		2 220
10/12	Chèque n° 411458	2 600	
15/12	Chèque n° 411459	689	
15/12	Chèque n° 411460	750	
18/12	Remise de chèques		5 380
20/12	Virement à l'ordre de One Ice	2 500	
21/12	Remise de chèques		1 200
22/12	Prélèvement Téléphonie mobile	1 073	
28/12	Chèque n° 411462	2 000	
31/12	Solde créditeur au 31/12/N	**10 618**	
Totaux		20 700	20 700

Document 3

État de rapprochement bancaire au 31/12/N

Opérations bancaires	Compte 512 - Banque		Relevé bancaire	
	Débit	Crédit	Débit	Crédit
Solde au 31/12/N	13 384			10 618
Remise de chèques du 28/12				2 352
Erreur sur chèque n° 411459				
Chèque n° 411461				
Chèque n° 411463				
Prélèvement téléphonie				
Erreur sur remise de chèques				
Soldes rectifiés				
Totaux				

7 Établir le budget prévisionnel de trésorerie

Mémorise

Afin d'éviter des problèmes de trésorerie, l'assistant(e) de gestion doit pouvoir mettre en place une analyse prévisionnelle des besoins de trésorerie dans un budget. Ce dernier doit réunir tous les flux de trésorerie prévisionnels pour les trois ou six prochains mois.

En cas de déficit, il est possible de recourir à une procédure d'équilibrage (découvert bancaire, notamment). En cas d'excédent, il faut prévoir des placements financiers à court terme afin d'en tirer des revenus.

1 Le budget prévisionnel des encaissements

Il s'agit d'établir mois par mois le montant prévisionnel des rentrées de fonds effectives. Ces dernières ne sont pas forcément égales aux ventes mensuelles, car les clients peuvent régler à crédit totalement ou partiellement.
Attention : les créances clients s'encaissent **TTC**. Les ventes sont toujours exprimées HT. Certains produits ne sont **pas encaissables**, car ils sont calculés (les reprises sur dépréciations).

Exemple → L'entreprise Bratier prévoit les ventes suivantes pour le premier trimestre de l'exercice N :

Mois	Montant HT	TVA à 20 %	Montant TTC
Janvier	70 000	14 000	84 000
Février	80 000	16 000	96 000
Mars	75 000	15 000	90 000

Les ventes sont encaissées pour moitié au comptant, pour moitié le mois suivant.
Au cours de décembre N-1, les ventes se sont élevées à 85 000 € HT. La moitié a été encaissée TTC en décembre N-1, le solde doit l'être dans le courant du mois de janvier N.

Le budget prévisionnel des encaissements est présenté dans le tableau suivant :

Budget prévisionnel des encaissements

Éléments	Janvier	Février	Mars
Ventes TTC :			
• décembre N–1[1]	51 000		
• janvier N[2]	42 000	42 000	
• février N		48 000	48 000
• mars N			45 000
Total des encaissements	93 000	90 000	93 000

[1] 85 000 × 1,20 = 102 000 € TTC. La moitié est encaissée en janvier N.

[2] Encaissement pour moitié en janvier, pour moitié en février : 84 000/2 = 42 000 € TTC.

Raisonnement identique pour les mois de février et mars.

2 Le budget prévisionnel des décaissements

2.1. Le sous-budget prévisionnel de la TVA à décaisser

Il s'agit de calculer mois par mois le montant de la TVA à décaisser, c'est-à-dire le montant de la TVA collectée diminuée de la TVA déductible sur immobilisations et sur autres biens et services. La TVA se paie le **mois suivant** pour des raisons pratiques (la TVA de janvier est payée en février).

Exemple (suite) → Vous disposez plus haut des éléments permettant de calculer la TVA collectée. Les achats et charges externes sont regroupés dans le tableau suivant (TVA à 20 %) :

Achats et charges prévisionnels trimestriels

Éléments	Janvier	Février	Mars
Achats de marchandises HT	40 000	45 000	42 000
Charges externes HT	8 000	8 000	8 000

Budget prévisionnel de la TVA à décaisser

Éléments	Janvier	Février	Mars
TVA collectée sur ventes	14 000	16 000	15 000
– TVA déductible sur achats[1]	–8 000	–9 000	–8 400
– TVA déductible sur charges[1]	–1 600	–1 600	–1 600
= TVA à décaisser	4 400	5 400	5 000
Mois de paiement de la TVA	Février	Mars	Avril

[1] Base HT × taux de TVA à 20 %.

2.2. Le budget définitif prévisionnel des décaissements

Il s'agit d'intégrer au budget des décaissements les résultats trouvés dans le budget prévisionnel de la TVA à décaisser. Ce budget regroupe mois par mois tous les décaissements effectifs.

Attention : les dettes fournisseurs sont toujours exprimées **TTC** et les charges exprimées **HT**. Certaines charges ne sont **pas décaissables**, car elles sont calculées (les dotations aux amortissements).

Exemple (suite) → Les charges prévisionnelles pour le premier trimestre N de l'entreprise Bratier sont regroupées dans le tableau suivant (TVA à 20 % pour les achats et les charges externes) :

Éléments	Janvier	Février	Mars
Achats de marchandises TTC	48 000	54 000	50 400
Charges externes TTC	9 600	9 600	9 600
Charges de personnel (pas de TVA)	10 000	10 000	11 500
Dotations aux amortissements[1]	1 500	1 500	1 500
Remboursement annuel de l'emprunt		52 000	

[1] Charge non décaissable ne devant pas figurer dans le budget des décaissements.

Les fournisseurs de marchandises sont réglés le mois suivant les achats. Les autres charges sont réglées le mois même.

Dans le bilan au 31/12/N, il reste à régler les dettes suivantes :

– achats de marchandises de décembre (à régler en janvier).......42 000 € TTC ;

– TVA à décaisser de décembre (à régler en janvier)......................4 200 €.

Le budget prévisionnel des décaissements est présenté ci-dessous :

Éléments	Janvier	Février	Mars
Achats TTC de décembre N–1	42 000		
Achats TTC de janvier à mars N	–	48 000	54 000
Charges externes TTC	9 600	9 600	9 600
Charges de personnel	10 000	10 000	11 500
Remboursement de l'emprunt		52 000	
TVA à décaisser au 31/12/N–1	4 200		
TVA à décaisser (budget de TVA)		4 400	5 400
Total des décaissements	65 800	124 000	80 500

3 Le budget prévisionnel récapitulatif de trésorerie

Il suffit de faire la différence entre les encaissements et les décaissements prévisionnels mois par mois, en tenant compte du **solde initial de la trésorerie.**

Exemple (Suite) ➜ Le budget récapitulatif de trésorerie est présenté ci-après, sachant que la trésorerie au 01/01/N est égale à 5 200 €.

Éléments	Janvier	Février	Mars
Solde initial de trésorerie	5 200	32 400	–1 600
+ Encaissements	93 000	90 000	93 000
– Décaissements	–65 800	–124 000	–80 500
= Solde final de trésorerie	32 400	–1 600	10 900

Le budget de trésorerie présente un déficit au mois de février N, essentiellement en raison du remboursement annuel de l'emprunt.

4 Les procédures d'équilibrage

L'exemple précédent démontre l'utilité d'établir des budgets prévisionnels de trésorerie. Le déficit annoncé de 1 600 € doit faire l'objet d'une procédure dite « d'équilibrage » qui peut prendre différentes formes :
– découvert bancaire ;
– cessions de titres détenus en portefeuille (VMP) ;
– action sur le besoin en fonds de roulement (besoin financier lié au cycle d'exploitation).
Cette dernière procédure est la plus recommandée, car c'est la moins onéreuse. Le besoin en fonds de roulement (BFR) doit être le plus faible possible. Le BFR est composé essentiellement de trois éléments sur lesquels une action est possible :
– les stocks (améliorer la gestion des stocks ou accélérer leur rotation) ;
– les créances sur les clients (réduire le temps de crédit consenti à la clientèle) ;
– les dettes envers les fournisseurs (demander des délais de paiement supplémentaires).

S'entraîner

Exercice — Établir un budget prévisionnel de trésorerie

La société Delta-Rhône livre des biens destinés au secteur du bâtiment. On vous charge de procéder aux prévisions de trésorerie pour le prochain trimestre. Pour cela, vous disposez des documents 1 à 4.

Travail à faire

1. À l'aide des informations contenues dans les documents 1 et 2, présentez :
   - le budget prévisionnel des encaissements (document 3) ;
   - le sous-budget de la TVA à décaisser (à tracer) ;
   - le budget prévisionnel des décaissements (document 4) ;
   - le budget prévisionnel récapitulatif de trésorerie (à tracer).
2. Présentez les solutions possibles pour équilibrer la trésorerie au mois de février.

Corrigé p. 179

Document 1

Éléments prévisionnels de trésorerie pour le premier trimestre

Achats et charges externes (soumis à la TVA à 20 %) :
- janvier.. 63 000 HT
- février.. 60 000 HT
- mars.. 66 000 HT

Les achats et les charges externes sont réglés le mois suivant.

Ventes (soumises à la TVA au taux de 20 %) :
- janvier.. 156 000 HT
- février.. 123 000 HT
- mars.. 156 000 HT

Un tiers des ventes sera encaissé au comptant, les deux autres tiers seront réglés à 60 jours.

Opérations diverses :
Acquisition en février d'une immobilisation payable au comptant pour la somme de 50 000 € HT (TVA à 20 %), soit 60 000 € TTC.

Autres charges :
Les salaires s'élèvent à 56 000 € par mois et sont réglés le mois même. Les charges sociales sur salaires représentent 40 % des salaires et sont payées le mois suivant l'enregistrement des salaires.

TVA :
La TVA se règle le 21 du mois suivant le mois d'exigibilité.

Document 2

Extrait de la balance au 31/12/N–1

N°	Intitulés des comptes	Débit	Crédit
401	Fournisseurs(1)		75 000
411	Clients(2)	230 000	
43	Organismes sociaux(3)		22 000
44551	TVA à décaisser(4)		10 000
512	Banque	33 500	

(1) Payables en janvier N.

(2) Échéance de 150 000 € TTC en janvier N et 80 000 € TTC en février N.

(3) Charges sociales de décembre N–1 payables en janvier N.

(4) TVA à décaisser de décembre N–1 payable en janvier N.

Document 3

Budget prévisionnel des encaissements

Éléments	Janvier	Février	Mars
Créances clients au bilan			
Ventes de janvier TTC			
Ventes de février TTC			
Ventes de mars TTC			
Total des encaissements			

Document 4

Budget prévisionnel des décaissements

Éléments	Janvier	Février	Mars
Fournisseurs bilan			
Achats et charges externes TTC			
Achat d'immobilisation TTC			
Salaires			
Charges sociales			
TVA à décaisser			
Total des décaissements			

8 Gérer les placements et les crédits à court terme

Mémorisez

Une PME peut dégager des excédents de trésorerie, surtout si elle a une activité saisonnière (exemple : forte augmentation des ventes pendant les fêtes de fin d'année). L'assistant(e) de gestion doit alors pouvoir proposer aux dirigeants une palette variée de placements à court terme afin d'en dégager un bénéfice. De même il/elle doit pouvoir proposer les solutions les moins onéreuses en cas de déficit de trésorerie.

1 Les placements bancaires

Ils présentent l'avantage, contrairement aux placements boursiers, de ne présenter aucun risque car le capital placé est garanti. Le tableau ci-dessous présente les différents types de placements bancaires de trésorerie :

Placements bancaires	Avantages	Inconvénients
Bon de caisse (faible excédent de trésorerie)	Sans risque.	Faible rémunération.
Compte à terme (excédent de trésorerie d'une durée d'au moins 1 mois)	Sans risque. Taux garanti.	Faible rémunération. Sommes bloquées.
Certificat de dépôt négociable (excédent de trésorerie important)	Sans risque. Taux garanti. Période de placement courte.	Montant minimum à placer élevé.

2 Les placements financiers

Ces derniers sont plus risqués que les placements bancaires, car le montant du capital placé n'est pas garanti. Le tableau ci-dessous récapitule l'essentiel :

Placements financiers	Avantages	Inconvénients
Actions de sociétés cotées en Bourse	Rentabilité potentiellement importante.	Risque élevé sur une période courte.
Obligations (droit de créance détenu sur une société ou sur un État)	Risque moyen. Perception d'intérêts chaque année.	Rentabilité moyenne.
Organismes de placements collectifs en valeurs mobilières (OPCVM)	Risque faible pour les placements de trésorerie de type SICAV ou FCP.	Rentabilité variable selon l'OPCVM, mais diminuée du montant des frais de gestion.

3 Les facilités de caisse et le découvert bancaire

Une société qui présente des variations de trésorerie importante peut avoir recours à la facilité de caisse, c'est-à-dire l'autorisation donnée par la banque d'avoir un solde bancaire temporairement débiteur. Si au contraire le déficit de trésorerie est important et durable, il faut alors demander de bénéficier d'un découvert bancaire : l'entreprise dispose, grâce à un solde débiteur, d'une véritable avance de trésorerie. Le découvert doit être progressivement remboursé. Ces avances de fonds par la banque ont un coût (une moyenne de 10 % par an, variable selon les banques). Les agios (ou frais) sont proportionnels au montant du solde du découvert bancaire.

$$\text{Agios} = C \times t \times d$$

Avec : C = montant du solde débiteur
t = taux d'intérêt annuel
d = durée des soldes débiteurs

Exemple → Soit un solde débiteur de 3 000 € pendant 1 mois à un taux de 10 %. Le montant des agios sera égal à : 3 000 × 10 % × 1/12 mois = 25 €.

4 L'escompte et la loi Dailly

La PME peut négocier auprès de sa banque le montant des effets de commerce qu'elle doit encaisser à une date ultérieure (escompte) ou, en cas d'absence d'effets de commerce, demander une avance de trésorerie à la banque sur le montant de ses créances (loi Dailly).

Escompte et loi Dailly	Avantages	Inconvénients
Escompte d'effets de commerce	Le taux d'escompte est souvent inférieur à celui du découvert bancaire.	La banque peut demander que les dirigeants se portent caution sur leurs biens personnels ou procéder à une retenue de garantie pour limiter les risques d'impayés.
Loi Dailly	Le taux est plus faible que celui de l'escompte.	Identiques à ceux de l'escompte.

5 L'affacturage

La PME, afin de se procurer des fonds pour sa trésorerie, peut recourir à une société d'affacturage. Cette dernière achète une partie des créances de l'entreprise, à charge pour elle de recouvrer le montant des créances.

Cette solution présente un avantage et un inconvénient :
– la gestion du recouvrement des créances est confiée à un tiers ;
– le coût de l'affacturage est plus élevé que celui des autres moyens de financement évoqués précédemment (partie fixe + partie variable).
La société d'affacturage peut opérer une retenue de garantie sur créance impayée, somme qui sera restituée lors de l'encaissement de la créance.

6 Les crédits clients et fournisseurs

Les entreprises s'accordent souvent entre elles des délais de règlement qui ne doivent pas légalement excéder 2 mois, afin d'éviter les abus selon les structures concurrentielles des marchés. Il s'agit du crédit interentreprises :
– les créances clients ne sont pas encaissées immédiatement ;
– les dettes fournisseurs ne sont pas réglées dans l'immédiat.
Il est envisageable de procéder au rééquilibrage de la trésorerie par :
– la réduction du temps de crédit consenti à la clientèle ;
– l'augmentation du délai de règlement accordé par les fournisseurs.
Il s'agit d'une stratégie qui n'est pas aisée à mettre en œuvre, car elle peut compromettre la politique commerciale et l'image de l'entreprise. Le tableau ci-dessous présente ses avantages et ses inconvénients :

Crédit interentreprises	Avantages	Inconvénients
Crédit client (exigence élevée dans l'encaissement des factures)	Coût nul. Indépendance financière vis-à-vis des banques.	Risque d'atteinte à l'image de la PME. Positionnement difficile par rapport aux concurrents (risque de perte de clients).
Crédit fournisseur (retarder le plus possible le paiement des dettes)	Coût nul. Indépendance financière vis-à-vis des banques.	Perte de confiance de la part des fournisseurs. Risque de fragilisation des approvisionnements.

S'entraîner

Exercice — Calculer le coût d'un financement de trésorerie

La société agricole Leverrier, qui produit et commercialise des fruits et légumes, a connu ces derniers temps des revers de trésorerie en raison de mauvaises récoltes et de débouchés commerciaux qui se sont fermés pour des raisons géopolitiques (crises politiques qui ont débouché sur un embargo de certains produits). La quasi-totalité des clients de la société sont sur le marché français et représentent des grandes surfaces commerciales.
Les décaissements sont essentiellement représentés par les impôts et taxes, les charges de personnel et les charges sociales.
Le gérant est assez inquiet de l'évolution de la trésorerie pour les quatre prochains mois. Vous disposez du budget prévisionnel de trésorerie pour les mois de mars à juin N (document 1). Après avoir négocié avec sa banque, il a obtenu des propositions de financement (document 2).

Travail à faire

1. Évaluez le coût total envisagé pour le financement de la trésorerie sur la période d'avril à juin N. Les sommes seront arrondies à l'euro le plus proche.
2. La société peut-elle envisager d'agir au niveau du délai de crédit consenti à la clientèle et sur celui accordé par les principaux fournisseurs ? Justifiez votre réponse.

Corrigé p. 180

Document 1

Budget prévisionnel de trésorerie

Éléments	Mars	Avril	Mai	Juin
Solde initial de trésorerie	3 620	–28 880	–47 480	–32 450
Encaissements	155 600	168 900	190 230	210 500
Décaissements	–188 100	–187 500	–175 200	–177 300
Solde final de trésorerie	–28 880	–47 480	–32 450	750

Le déficit de trésorerie est supposé être atteint à la fin du mois et durer jusqu'à la fin du mois suivant. Pour le mois de juin, il est prévu que le déficit soit résorbé dès le milieu du mois de juin.

Document 2

Ligne de crédit accordée par la banque

La banque propose une ligne d'escompte au taux annuel de 7 % à hauteur de 20 000 € par mois, le reste étant financé par un découvert bancaire au taux de 11 % l'an. Une commission globale de 0,10 % est calculée sur le plus fort découvert de la période.

9 Respecter les formalités en matière d'embauche

Mémorise

1 La conclusion du contrat de travail

1.1. Qui peut conclure un contrat de travail ?

Du côté de l'employeur, seuls l'employeur personne physique ou la personne qui a le pouvoir d'engager la société ou l'association peuvent conclure le contrat.

Du côté du salarié, toute personne physique peut conclure un contrat de travail, sauf un majeur sous tutelle ou un mineur de moins de 18 ans non émancipé qui doivent obtenir l'accord de leur représentant légal.

1.2. Le respect des obligations légales

L'employeur est soumis à des conditions particulières en matière de durée et de sécurité du travail lors de l'embauche d'un jeune de moins de 18 ans.

Exemple : la durée maximale de travail quotidienne est fixée à 8 heures (7 heures pour les mineurs de 14 et 15 ans autorisés à travailler pendant les vacances scolaires).

Par ailleurs, les entreprises employant au moins 20 salariés depuis plus de 3 ans sont tenues d'employer des travailleurs handicapés dans une proportion de 6 % de l'effectif total de l'entreprise. Si l'entreprise ne satisfait pas à cette obligation, elle doit s'acquitter d'une contribution auprès du fonds d'insertion professionnelle des personnes handicapées (Agefiph).

1.3. La rédaction du contrat de travail

Pour être valable, le contrat de travail doit respecter les mentions obligatoires suivantes :

- la raison sociale de l'entreprise ;
- l'état civil du salarié ;
- la date d'embauche ;
- les tâches ou le poste confiés ;
- la rémunération ;
- le lieu de travail ;
- la durée de la période d'essai ;
- la convention collective ou l'accord d'entreprise applicable.

Par ailleurs le contrat de travail doit être rédigé en français et peut, en vertu de la libre négociation du contrat, contenir des clauses particulières à condition qu'elles ne soient pas contraires à l'ordre public.

1.4. Les clauses particulières

Ces clauses visent à aménager le contrat et sont licites à certaines conditions.

La clause de mobilité	Le salarié accepte par avance une modification de son lieu de travail. Pour être valable, cette clause doit définir de manière précise la zone géographique d'application.
La clause de non-concurrence	Elle limite la liberté d'un salarié sortant d'occuper des fonctions équivalentes chez un concurrent ou à son propre compte. Sa validité est conditionnée au respect de critères cumulatifs : elle doit être limitée dans le temps, dans l'espace et à une activité spécifiquement définie, être légitime, comporter une contrepartie financière non dérisoire.
La clause de dédit-formation	Le salarié qui bénéficie d'une formation s'engage à rembourser les frais de formation s'il démissionne avant un certain délai.
La clause d'objectifs	L'employeur fixe au salarié, souvent un commercial, des objectifs à atteindre. Ces objectifs doivent être raisonnables et réalistes.

1.5. La période d'essai

Lorsqu'elle est prévue dans le contrat de travail, elle permet à l'employeur comme au salarié de rompre le contrat sans formalités ni indemnités. La période d'essai ne se présume pas et à son terme, le salarié est définitivement embauché. Sa durée et son éventuel renouvellement doivent être mentionnés dans le contrat et ne peuvent pas dépasser une durée maximale fixée par le Code du travail, les conventions collectives ou le contrat de travail. Un délai de prévenance doit être respecté par l'employeur comme par le salarié afin que la rupture de la période d'essai ne soit pas considérée comme abusive.

2 Les formalités obligatoires

L'Urssaf (Union de recouvrement des cotisations de Sécurité sociale et d'allocations familiales) est chargée de recevoir la déclaration d'embauche et de la communiquer aux autres organismes : caisse d'assurance maladie, caisse de retraite, etc.

2.1. Les documents d'embauche

La DPAE, déclaration préalable à l'embauche, est obligatoire quel que soit le type de contrat. C'est une déclaration établie – de préférence en ligne – au plus tôt 8 jours avant la date d'embauche et obligatoirement avant la mise au travail, comportant :

– l'identification de l'employeur : numéro d'identification Siren et code APE (activité principale de l'entreprise) ;

– l'identification du salarié (nom, prénom, date et lieu de naissance) ;
– la date et l'heure d'embauche ;
– la nature et la durée du contrat et la période d'essai éventuelle.

L'Urssaf en accuse réception dans les 5 jours ouvrables suivants.

À la première paie, le salarié se voit remettre un bulletin de salaire et le double de l'accusé de réception de la DPAE.

2.2. La mise à jour du registre du personnel

L'employeur doit tenir un registre unique du personnel qui mentionne – par ordre chronologique – diverses informations relatives à tous les salariés (y compris les stagiaires), dont : nom, prénom, nationalité, date de naissance, sexe, emploi, qualification, dates d'entrée et de sortie de l'établissement, type de contrat.

Ce registre peut être tenu sur support numérique et les mentions doivent être conservées pendant 5 ans après le départ du salarié.

2.3. La visite médicale d'embauche

Cette visite a pour but de déterminer si le salarié est apte au poste pour lequel il est recruté. Elle doit être effectuée avant l'embauche du salarié et au plus tard avant l'expiration de la période d'essai.

2.4. L'organisation de l'information et de la formation à la sécurité

Le salarié doit être informé des précautions à prendre dans l'exécution de son travail afin d'assurer sa propre sécurité mais aussi celle des autres. Lorsqu'il est exposé à des travaux dangereux, cette formation est renforcée.

Exercice L'obligation d'emploi de travailleurs handicapés

S'entraîner

Collines emploie 20 salariés en CDI depuis décembre 2009. Vous avez alerté le chef d'entreprise, Alain Cottaz, sur l'obligation d'emploi des travailleurs handicapés. Celui-ci est prêt à étudier l'embauche d'un salarié handicapé même si le coût de cette embauche est supérieur à la contribution (il est prêt à assumer un surcoût annuel d'environ 3 000 €).

Travail à faire

Rédigez un avis argumenté accompagné d'une comparaison chiffrée sur la solution à adopter.

Corrigé p.181

Document 1

Obligations liées à la loi du 11 février 2005

La loi du 11 février 2005 confirme que tout employeur privé ou public de 20 salariés ou plus est assujetti à une obligation d'emploi des travailleurs handicapés à hauteur de 6 % de son effectif total (arrondi à l'unité inférieure, ex. : 3,5 → 3).

www.unapei.org

Document 2

Extraits du Code du travail

Article L. 5212-13

Bénéficient de l'obligation d'emploi instituée par l'article L. 5212-2 :

1° Les travailleurs reconnus handicapés par la Commission des droits et de l'autonomie des personnes handicapées ;

2° Les victimes d'accidents du travail ou de maladies professionnelles ayant entraîné une incapacité permanente au moins égale à 10 % et titulaires d'une rente attribuée au titre du régime général de Sécurité sociale ou de tout autre régime de protection sociale obligatoire ;

3° Les titulaires d'une pension d'invalidité attribuée au titre du régime général de Sécurité sociale, de tout autre régime de protection sociale obligatoire ou au titre des dispositions régissant les agents publics, à condition que l'invalidité des intéressés réduise au moins des deux tiers leur capacité de travail ou de gain [...].

Document 3

Délai de carence

Les établissements qui entrent pour la première fois dans le champ d'application de l'obligation d'emploi soit au moment de leur création, soit en raison de l'accroissement de leur effectif, disposent d'un délai de 3 ans (soit l'année de création ou d'atteinte du seuil d'assujettissement, plus les 2 années suivantes) pour se mettre en conformité avec leur obligation d'emploi. Ils sont exonérés de toute contribution durant cette période. Ils doivent cependant effectuer une DOETH (déclaration obligatoire d'emploi des travailleurs handicapés) durant cette période.

Quand et comment déclarer ?

L'employeur doit faire sa déclaration chaque année au mois de février. Il dispose d'un délai supplémentaire de 15 jours s'il effectue la déclaration par Internet. Attention : la déclaration en ligne est réservée aux entreprises ayant déjà effectué une DOETH l'année précédente.

www.service-public.fr

Document 4

Embauche de salariés handicapés : définir au préalable l'étendue de votre obligation d'emploi [...]

Attention

Les entreprises qui n'ont depuis plus de 3 ans :

- embauché aucun travailleur handicapé ;
- appliqué aucun accord de branche ou d'entreprise prévoyant la mise en œuvre d'un programme annuel ou pluriannuel en faveur des travailleurs handicapés ;
- conclu aucun accord avec une entreprise adaptée ou du secteur du travail protégé ;

verront leur contribution annuelle passer à 1 500 fois le SMIC horaire par salarié « manquant », quel que soit leur effectif. [...]

Depuis le 1er janvier 2009, chaque salarié handicapé est pris en compte à proportion de son temps de présence dans l'entreprise au cours de l'année civile, quelles que soient la nature de son contrat (CDI, CDD ou intérim) ou sa durée (inférieure ou supérieure à 6 mois) dans la limite d'une unité et selon les conditions suivantes :

- le salarié dont la durée du travail est supérieure ou égale à la moitié de la durée légale (17h30) ou conventionnelle compte comme s'il avait été employé à temps complet, dans la limite d'une unité. Cette unité doit être ensuite proratisée en fonction du temps de présence sur l'année civile ;
- le salarié qui effectue moins d'un mi-temps (durée du travail inférieure à la moitié de la durée légale ou conventionnelle) est pris en compte pour

une demi-unité. Cette demi-unité doit être ensuite proratisée en fonction du temps de présence sur l'année civile. [...]

Exemple

Le salarié à temps complet :

– présent toute l'année compte pour un bénéficiaire ;

– présent 4 mois sur l'année (CDD, intérim, mise à disposition) compte pour 1 x 4/12 = 0,33 bénéficiaire.

Le salarié à temps partiel :

– travaillant 20 heures par semaine, présent toute l'année, compte pour un bénéficiaire ;

– travaillant 10 heures par semaine, présent toute l'année, compte pour 0,5 bénéficiaire ;

– travaillant 20 heures par semaine, présent 5 mois, compte pour 1 x 5/12 = 0,42 bénéficiaire ;

– travaillant 10 heures par semaine, présent 112 jours, compte pour 0,5 x 112/365 = 0,153 bénéficiaire.

www.editions-tissot.fr

Document 5

• Si la solution d'embauche d'un travailleur handicapé était retenue, il serait affecté au poste d'opérateur/trice de production sur la base de 24 heures par semaine en CDI.

• SMIC horaire brut en vigueur au 1er janvier 2016 : 9,67 €.

• Le salaire brut horaire de référence pour l'emploi à pourvoir « Opérateur/trice de production » correspondra au SMIC horaire en vigueur.

• Les charges sociales patronales représentent 45,90 % du salaire brut.

• Le calcul s'effectue sur 52 semaines.

• Maintien du salaire pendant les congés payés.

Document 6

Activités professionnelles	Compétences
– Réception des produits – Tri des fruits – Conditionnement des fruits – Étiquetage des produits et opérations de traçabilité – Gestion des stocks	– Apprécier la conformité des produits aux consignes données – Réaliser les opérations de préparation – Mettre en œuvre les procédures de qualité – Vérifier la quantité ou la qualité des produits entrants et sortants

10 Identifier les besoins en recrutement

Un recrutement n'est pas un acte anodin pour une PME. Ses effectifs étant souvent peu élevés, celle-ci doit s'efforcer de disposer des compétences nécessaires à son activité et d'anticiper sur son évolution.

1 La gestion prévisionnelle des emplois et des compétences (GPEC)

1.1. Les objectifs de la GPEC

La GPEC doit permettre à une entreprise d'anticiper sur son évolution et de détecter préventivement ses besoins en emplois et compétences pour imaginer des solutions en termes de recrutement et de formation. Ainsi, la GPEC doit permettre d'anticiper les besoins en compétences pour :

– préparer les remplacements des départs en retraite de salariés expérimentés ;
– identifier les besoins de main-d'œuvre en fonction de l'évolution du marché, de l'évolution technologique, de la concurrence ;
– fidéliser les salariés en leur permettant d'évoluer et en renforçant leur employabilité grâce à des actions de formation.

1.2. Le rôle de l'assistant(e) de gestion

Son rôle est de connaître certains outils nécessaires à la GPEC qui permettent de quantifier les besoins et de déterminer les compétences nécessaires aux postes pour décrire ceux-ci dans le cadre d'une procédure de recrutement.

2 Les principaux outils

2.1. Les outils quantitatifs

a) Le tableau prévisionnel des postes à pourvoir

Exemple →

	Effectifs année N	Départs prévisibles	Besoins en N+4	Écarts
Ouvriers	7	-2	10	-5
Employés	2	0	3	-1
Agents de maîtrise Techniciens	3	0	5	-2
Cadres	2	-1	3	-2
	14	-3	21	-10

Il permet de se projeter dans un avenir à court et moyen terme et de réfléchir aux besoins en effectifs de la structure compte tenu d'une évolution souhaitée et anticipée.

Un tel tableau permet d'envisager les mesures à prendre en termes de recrutement, d'évolution de postes et de formation.

b) La pyramide des âges

Exemple →

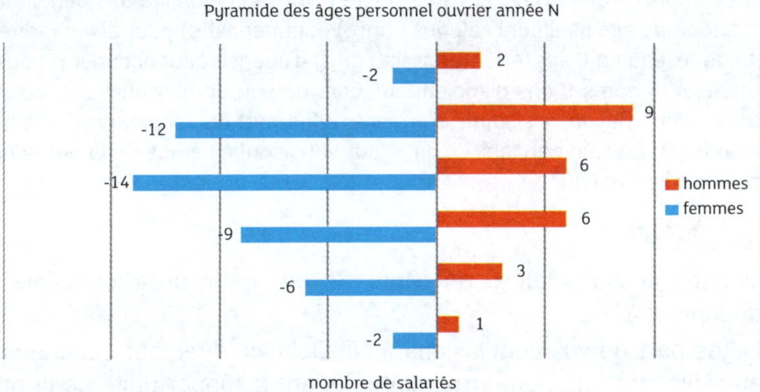

Elle permet de visualiser la répartition des effectifs selon leur âge et leur sexe et peut être également déclinée par statut de salariés. Des recrutements, formations, réorganisations de services peuvent être ainsi envisagés.

2.2. Les outils qualitatifs

a) Les outils de description des emplois

Ce sont principalement :

– les **fiches de poste** (ou fiches de définition de fonctions ou fiches d'attribution) qui décrivent les missions ou tâches à accomplir pour un poste donné ;

– les **profils de poste** qui formulent et schématisent les compétences et qualités requises pour le poste.

Il est important de comprendre que le profil de poste découle de la fiche de poste et que les compétences et qualités nécessaires sont variables selon les tâches ou fonctions à accomplir.

b) L'entretien annuel d'évaluation

Il permet de faire le point sur l'emploi occupé, son évolution possible, l'adéquation des compétences du titulaire au regard des attentes formulées dans la description du poste, et de détecter d'éventuels besoins de formation.

L'entretien annuel d'évaluation est généralement mené par le supérieur hiérarchique et ne relève pas des attributions de l'assistant(e) de gestion.

S'entraîner

Exercice — L'évaluation d'une candidature interne

La société Fenas fabrique et pose des vérandas sur mesure. Sa clientèle est essentiellement composée de particuliers. La société favorise la mobilité des personnels et la promotion de ses meilleurs salariés : un(e) commercial(e) peut devenir directeur(rice) de réseau en 6 ans, et un(e) assistant(e) d'agence peut occuper un poste de commercial(e) après 5 ans d'ancienneté. Lors de son dernier entretien annuel d'évaluation, Mme Bayou, assistante d'agence, a fait part de son souhait d'évoluer vers une fonction de commerciale. Le directeur vous confie l'étude de la promotion éventuelle de Mme Bayou.

Travail à faire

1. Évaluez la candidature de Mme Bayou après avoir complété le document 4.
2. Faites part de vos conclusions à M. Delmas, directeur commercial, en rédigeant une note argumentée quant à l'opportunité de la promotion interne.

Corrigé p. 182

Document 1

Fiche de description de poste

Rattachement hiérarchique : responsable de réseau et directeur commercial.

Missions du poste :
- présenter les différents produits de l'entreprise aux prospects ;
- établir le plan et chiffrer le devis ;
- présenter la proposition commerciale, argumenter et conclure la vente ;
- réceptionner le chèque d'acompte ;
- suivre le déroulement du chantier.

Relations internes :
- le responsable de réseau pour les objectifs ;
- le bureau d'études pour la faisabilité du projet ;
- l'assistante d'agence pour le suivi administratif des dossiers ;
- les équipes de pose pour le déroulement du chantier.

Relations externes :
- les clients et les prospects.

Responsabilités :
- commerciales : atteindre les objectifs qualitatifs et quantitatifs ; s'assurer de la solvabilité du client ;
- techniques : s'assurer de la faisabilité technique du projet ;
- financières : respecter le budget alloué.

Document 2

Grille d'entretien annuel d'évaluation (recto)

Collaborateur évalué : Bayou Catherine
Fonction : Assistante d'agence
Ancienneté dans l'entreprise : 5 ans
Responsable évaluateur : Reynaud Pierre
Fonction : Responsable de réseau

Bilan de la période écoulée	A	B	C	D
Aptitudes professionnelles				
Qualité du travail	x			
Accueil des clients	x			
Accueil téléphonique	x			
Expression orale	x			
Utilisation des logiciels			x	
Assistance et prise d'initiative		x		
Rapidité	x			
Autonomie, capacité d'adaptation	x			
Organisation	x			
Qualités personnelles				
Ponctualité, assiduité	x			
Présentation	x			
Disponibilité	x			
Dynamisme, curiosité	x			
Aptitudes relationnelles				
Sensibilité clientèle et capacité d'écoute	x			
Relations avec les commerciaux	x			
Relations avec la hiérarchie	x			
Pertinence de la communication	x			
Travail en équipe	x			
Sociabilité	x			

A = très bien. B = bien. C = amélioration nécessaire. D = insuffisant.

Les objectifs ont-ils été atteints : oui.

Forces du collaborateur : Beaucoup de motivation et d'implication dans son travail. A toujours le souci de satisfaire le client dans les meilleurs délais.

Points à améliorer : Utiliser mieux et plus régulièrement le logiciel de relation clientèle.

Document 3

Grille d'entretien annuel d'évaluation (verso)

Nom : Mme Bayou Catherine

Période à venir
Dans le cadre de cette fonction, de nouveaux objectifs sont-ils fixés ? Oui.
Si oui, lesquels ? Développer l'utilisation de l'informatique.

Évolution professionnelle
Aujourd'hui, envisagez-vous une mobilité professionnelle ? Oui.
Si oui, vers quelles fonctions ? Je souhaite évoluer dans ma carrière et occuper un poste de commerciale (je suis titulaire d'un baccalauréat professionnel de vente).
Pourquoi ? je connais bien le travail des vendeurs de la société (je travaille avec eux). De plus, j'ai appris à connaître le marché des vérandas. Disponible, je ne veux plus être sédentaire.
Avis *du responsable :* Favorable.
Pourquoi ? Mme Bayou a déjà été amenée à remplacer un commercial en arrêt maladie. Son tempérament commercial est incontestable. Ce changement de fonction sera une source de motivation supplémentaire.

Formation professionnelle
Souhaitez-vous suivre une formation ? Oui.
Si oui, laquelle ? Maîtrise du logiciel de gestion de relation clientèle.
Dans quel cadre ? Droit individuel à la formation (Dif).
Avis du responsable : Favorable.
Pourquoi ? Cette formation en informatique la rendra entièrement apte à occuper un poste de commerciale.

Collaborateur évalué	**Responsable évaluateur**
Date et signature : 07/05/N Mme Bayou	Date et signature : 07/05/N M. Reynaud

Document 4

Profil de poste de commercial(e)

Capacités				
Qualifications	**1**	**2**	**3**	**4**
Formation generale[1]			x	
Formation professionnelle[2]			x	
Expérience professionnelle[3]			x	
Aptitudes professionnelles[4]	**–1**	**2**	**3**	**4 +**
Logiciel de traitement de texte				x
Logiciel de gestion de relation clientèle				x
Connaissance du secteur de l'habitat			x	
Techniques de vente				x
Connaissances informatiques				x
Travail en équipe				x
Sens des responsabilités				x
Organisation, autonomie, capacité d'adaptation				x
Esprit d'initiative				x
Aptitudes personnelles	**–1**	**2**	**3**	**4 +**
Dynamisme, disponibilité				x
Mobilité				x
Sensibilité client, capacité d'écoute				x
Présentation				x
Facilité d'expression				x
Curiosité d'esprit				x
Bon relationnel				x
Motivation pour ce poste				x

Profil type **(X)**. Profil de Mme Bayou **(B)** à compléter.
(1) 1 = niveau bac ; 2 = bac : 3 = bac + 2 ; 4 = bac + 3 et plus.
(2) 1 = CAP/BEP : 2 = bac professionnel ; 3 = BTS ou DUT : 4 * licence professionnelle.
(3) 1 = aucune ; 2 = entre 1 et 2 ans : 3 = entre 3 et 4 ans ; 4 = 5 ans et plus.
(4) – 1 indique les points négatifs, 4 + indique les points positifs, la moyenne se situe entre 2 et 3.

11 Suivre une procédure de recrutement

Mémorisez

Alors que la GPEC relève principalement du management de l'entreprise, les différentes étapes de la procédure de recrutement peuvent être confiées à l'assistant(e) de gestion.

1 Les différents modes de recrutement

Le tableau ci-dessous indique les avantages et les inconvénients des différents modes de recrutement pour une PME :

Modes de recrutement	Avantages	Inconvénients
Candidatures spontanées	Vivier de candidats disponible dans l'entreprise	Gestion des candidatures difficile
Agence d'intérim	Rapide	Coût élevé
Pôle Emploi	Gestion assurée par l'organisme	Délai de réponse parfois long
Journaux locaux	Couverture limitée	Afflux de candidatures
Magazines et journaux nationaux	Couverture nationale	Périodicité Cible géographique trop large
Internet (e-recrutement)	Rapidité, existence de sites spécialisés	Nombre de candidats trop important
Recrutement interne	Connaissance de l'entreprise par le candidat, outil de motivation	Faiblesse du nombre de candidats dans les PME
Annonce dans les lycées ou les universités	Profil ciblé	Candidats peu expérimentés
Cabinet de recrutement	Profil ciblé	Coût élevé

Internet est un outil privilégié de recrutement et les PME ont de plus en plus souvent recours à cet outil de communication instantané. Les candidats n'hésitent plus, pour se faire remarquer, à multiplier les supports innovants (vidéo en ligne, blog, e-CV...) en plus des supports classiques (CV et lettre de motivation). L'e-recrutement représente un réel gain de temps pour les PME, car il accélère considérablement les recherches. De nombreux sites sont spécialisés dans la recherche d'emploi et mettent en ligne un grand nombre d'offres d'emploi.

Il faut savoir adapter son mode de recrutement au profil recherché et éventuellement en changer en cas de recherches infructueuses. Cependant, le choix du support devra tenir compte du budget que l'entreprise souhaite consacrer au recrutement.

2 Le processus de recrutement

Il implique une certaine rigueur pour éviter d'augmenter le coût du recrutement.

2.1. La préparation de l'annonce d'embauche

La fiche de description de poste est une aide efficace pour la rédaction de l'annonce. Celle-ci doit indiquer au minimum :
– le nom de l'entreprise et le lieu de réponse (adresse électronique, boîte postale) ;
– la nature du poste et les fonctions principales exercées ;
– le niveau d'études et l'expérience éventuelle souhaités ;
– l'offre de rémunération ou la demande de prétentions du candidat.
Quel que soit le support choisi, l'annonce du recrutement doit permettre de recevoir des candidatures pertinentes et en nombre suffisant pour pouvoir exercer un choix satisfaisant.

2.2. La sélection des candidatures

Un premier tri des réponses permettra d'éliminer celles qui ne correspondent visiblement pas au profil recherché (formation ou expérience inappropriées, prétentions trop éloignées, etc.). Outre l'analyse des CV, la lettre de motivation qui accompagne celui-ci donne souvent des informations complémentaires qui peuvent apporter un éclairage intéressant sur la motivation et la personnalité du candidat.
Le profil de poste précédemment établi va trouver toute son utilité pour effectuer une première sélection parmi les réponses à l'offre de recrutement. Avant de convoquer les candidats pour des entretiens, l'assistant(e) de gestion pourra en effet effectuer une première sélection en établissant le profil des différents candidats de façon à effectuer une comparaison avec le profil « type ».

2.3. La convocation des candidats à entretien

Les différentes étapes du processus alternent rédaction de courriers et organisation d'entretiens. Certains entretiens peuvent être menés par l'assistant(e) de gestion, mais l'entretien final sera toujours du ressort du responsable du recrutement.

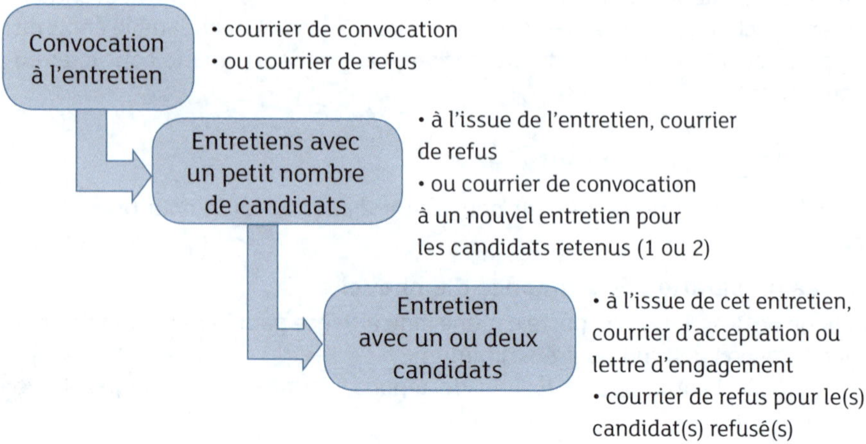

Un guide d'entretien permet de mener des entretiens de manière efficace en posant des questions pertinentes aux postulants, qui porteront sur leur expérience professionnelle et extraprofessionnelle puis sur leurs compétences et leurs aptitudes en situation de travail, sous forme de questions ouvertes.

2.4. Le cadre juridique de l'embauche

Toute discrimination à l'embauche fondée sur la race, la religion, le sexe, la situation de famille, l'appartenance syndicale ou l'orientation sexuelle est interdite. Ce principe de non-discrimination doit s'appliquer dans la rédaction de l'offre d'emploi. Les informations utilisées pour sélectionner les candidats doivent avoir un lien direct et indispensable avec l'emploi proposé : c'est le principe de pertinence des méthodes de recrutement. En cas de traitement informatique des données, une déclaration doit être effectuée à la Cnil (Commission nationale de l'informatique et des libertés). Enfin, il existe une priorité d'embauche pour les travailleurs handicapés dans les entreprises d'au moins 20 salariés : 6 % au moins de l'effectif.

2.5. L'entretien de recrutement

On peut distinguer cinq grandes phases dans l'entretien de recrutement :
– la **phase d'accueil et de présentation** : après avoir accueilli et mis à l'aise le candidat, l'assistant(e) de gestion se présente et explique son rôle dans le recrutement ;
– la **phase de présentation du candidat** : il faut inviter le candidat à se présenter. Au cours de son exposé, on pourra lui demander de préciser ou développer certains points de son parcours personnel et professionnel ;
– la **phase de présentation du poste** : l'assistant(e) de gestion présente l'entreprise, puis le poste (lieu et cadre de travail, description et caractéristiques des tâches, responsabilités exercées, résultats attendus, type d'emploi, horaires, rémunération) ;

– **la phase d'évaluation réciproque** : il faut inviter le candidat à poser des questions qui peuvent aussi bien porter sur le contenu du poste que sur les conditions de travail ;

– la **phase de conclusion** : l'assistant(e) de gestion définit les étapes ultérieures et les échéances du recrutement sans essayer de justifier une probable décision, positive ou négative.

Il est également possible de tester l'attitude du candidat en situation (test d'aptitude) ou de mener des entretiens collectifs (6 à 8 candidats, par exemple) pour évaluer le comportement du candidat au sein d'un groupe.

3 Le coût du recrutement

On distingue :

Le coût de la recherche	Coût du temps passé à la rédaction de l'annonce, coût de la diffusion de l'annonce sur le ou les supports choisis
Le coût de la sélection	Coût salarial du temps passé par les différents intervenants tout au long de la procédure : assistant(e) de gestion, responsable du recrutement, chef d'entreprise

Ce coût peut être comparé au coût éventuel d'un cabinet de recrutement.
Exemple de tableau de calcul :

	Assistant(e) de gestion		Responsable		Montant
	Durée	Coût horaire	Durée	Coût horaire	
Description du poste et profil du poste					
Rédaction de l'annonce					
Profil des candidats et sélection					
Rédaction des courriers					
Gestion des entretiens					
Rédaction du contrat					

À ce coût du recrutement, on peut ajouter le coût de la formation du salarié et le coût de son équipement (outils de travail, poste de travail).

En cas d'échec du recrutement (période d'essai non transformée en contrat), l'ensemble du processus doit être réitéré ce qui augmente d'autant le coût.

S'entraîner

Exercice 1 Le recrutement d'un commercial

M. Vignot, directeur de l'entreprise FlexPackaging, spécialisée dans l'emballage et le conditionnement, décide de recruter un agent commercial chargé de la prospection et de la vente sur les cinq principaux départements producteurs d'huile d'olive.

Il vous demande de lui fournir un guide d'entretien qui lui servira pour la phase finale d'entretien avec les deux ou trois candidats sélectionnés.

Travail à faire

Préparez le guide d'entretien demandé par M. Vignot.

Corrigé p. 183

Document

Extraits de la fiche de poste d'agent commercial	
Responsabilités	Responsable de son portefeuille clients dans le respect des objectifs fixés par le président-directeur général
Relations	*Interne* : Président-directeur général/Responsable relations clients/Comptable/Commerciaux *Externe* : prospects et clients
Missions principales	Prospection d'une nouvelle cible Création d'un portefeuille clients
Missions	*1. Conquérir une nouvelle clientèle :* Concevoir le plan de prospection et le plan de tournée Effectuer la présentation ou la démonstration du produit au client et le conseiller Élaborer la proposition commerciale et arrêter avec le client les modalités du contrat de vente ou le devis *2. Fidéliser la clientèle :* Effectuer le suivi de la relation commerciale *3. Mener des actions commerciales lors de manifestations événementielles*
Formation	BTS commerciaux, DUT Techniques de commercialisation, Écoles de commerce
Expérience professionnelle	3 ans minimum et bonne connaissance du secteur agroalimentaire
Savoirs Culture commerciale	Techniques de communication, Techniques commerciales
Compétences professionnelles	Techniques de prospection de la clientèle (fichiers, ciblage, méthode d'approche), Techniques de négociation commerciale, Réalisation d'un devis, Réalisation d'un plan de tournée, Connaissances des logiciels du PackOffice
Compétences comportementales	Autonomie – Sens de l'initiative, Aisance relationnelle, Écoute active, Persévérance, Présentation soignée

S'entraîner

Exercice 2 Le coût d'un recrutement

La PME dans laquelle vous travaillez en tant qu'assistant(e) de gestion du responsable administratif et du personnel (RAP), est dirigée par M. Dupontel, directeur général (DG). Celui-ci souhaite embaucher un nouveau technicien.

Travail à faire

Calculez le coût du recrutement d'un nouveau technicien.

Corrigé p. 184

Document 1

Éléments du coût d'un recrutement

L'entreprise a reçu 60 candidatures. Seuls 40 % des candidats sont retenus et convoqués par courrier à des tests de sélection suivis d'un entretien, les autres candidats étant avisés par lettre que leur candidature n'a pas été retenue.

Tous les salariés concernés par le processus de recrutement sont à temps complet (35 heures par semaine, soit 151,67 heures par mois) ; leurs salaires bruts mensuels respectifs sont :

Assistant(e) de gestion : 1 800 € ; RAP : 3 850 € ; DG : 6 000 €

Le taux des cotisations sociales patronales est de 43 %.

Les frais d'impression des lettres sont évalués à 50 € TTC (TVA 20 %).

Document 2

Temps passé pour le recrutement

Le RAP va consacrer 1 heure pour définir les besoins du poste.

L'assistant(e) rédigera l'annonce qui sera diffusée pour un montant de 500 € pour 2 semaines. Durée : 40 minutes.

Le RAP consacrera 5 minutes par candidat pour effectuer une première sélection. Puis l'assistant(e) préparera la liste des candidats retenus (durée : 30 minutes), avant d'effectuer le publipostage des lettres types (courrier de refus et courrier de convocation à un entretien ; durée : 1 heure).

Le RAP consacrera 1 heure en entretien et correction des tests de sélection, pour chaque candidat retenu.

Enfin, le DG prendra 2 heures de son temps pour effectuer le choix final.

12 Favoriser l'intégration du salarié

Mémorise

1 La phase de pré-accueil

1.1. La planification de la phase d'accueil

Une fois la date d'embauche fixée et le contrat de travail signé, il est impératif de prévoir du temps disponible sur son agenda pour organiser l'accueil du salarié :
– « en amont » pour la préparation (voir ci-dessous) : il est nécessaire d'informer les autres salariés et toutes les personnes concernées du jour d'arrivée du nouveau salarié et des missions qui lui seront confiées ;
– le jour de l'arrivée, voire parfois les jours qui suivent, pour accueillir le nouveau salarié dans de bonnes conditions, physiquement et matériellement.

1.2. Les moyens matériels et humains à mettre en place

Il faut prévoir :
– les moyens nécessaires à la prise de fonction (bureau, ordinateur, téléphone) ;
– un livret d'accueil qui permettra au nouveau salarié de découvrir l'environnement de travail, les règles de vie de l'entreprise, les collègues et leur rôle dans l'entreprise ;
– un accompagnement du nouveau salarié qui pourra prendre la forme soit d'une mise en situation directe dans ses nouvelles fonctions en doublon avec un salarié expérimenté ; soit d'une formation, interne ou externe.

Dans tous les cas, il est souhaitable qu'un tuteur soit nommé au sein de l'entreprise pour aider le nouveau salarié dans son intégration. Ce tuteur devra organiser des entretiens pour assurer un suivi régulier de l'intégration.

1.3. La préparation de l'entretien d'accueil

L'assistant(e) de gestion devra fixer par téléphone un rendez-vous au nouveau salarié, en lui précisant la date, l'heure et le lieu de l'embauche. Il faudra aussi préciser le nom de la personne chargée de l'accueillir et le déroulement de la phase d'accueil. On pourra lui transmettre par mail un certain nombre d'informations de base (son futur numéro de téléphone professionnel, les noms et numéros de poste des responsables administratifs), ainsi que la liste des documents qu'il devra apporter le jour de son arrivée (pièce d'identité, photocopies de diplômes...). Enfin, il ne faut pas oublier de prévoir un lieu calme pour le recevoir.

2 La phase d'accueil

2.1. L'accueil du nouveau salarié

Au cours de l'entretien d'accueil, il est nécessaire de respecter certaines étapes :
– discussion de son évolution professionnelle avec le nouveau salarié ;

– présentation de l'entreprise, de ses attentes et de celles des clients (objectifs, délais, qualité) ;
– précisions sur le rôle de chacun dans l'organisation du travail, pour définir la relation au sein de l'équipe (avec les autres au quotidien) et situer l'activité du salarié dans l'entreprise ;
– explications sur les consignes de sécurité et commentaire du livret d'accueil.

2.2. La présentation du nouveau salarié

Il faut non seulement présenter le nouveau salarié à l'équipe de travail, mais aussi et surtout :
– présenter l'équipe au nouveau salarié (expliquer ce que fait chacun) et aider le nouveau salarié à se présenter ;
– organiser une visite de l'entreprise et de ses différents services.
Cette découverte doit être une véritable démarche pédagogique, car il ne faut pas oublier que le nouveau salarié va être submergé d'informations dans un temps relativement court.

3 La phase d'accompagnement

3.1. Le rôle du parrain ou tuteur

Le parrain est la personne qui va faciliter d'intégration du nouveau salarié au sein de l'entreprise. Il sera choisi en fonction de plusieurs critères :
– position hiérarchique
– ancienneté dans l'entreprise ;
– degré de collaboration entre les deux personnes ;
– personnalité des deux individus ;
– capacité pédagogique et disponibilité…

3.2. Le livret interne de suivi

Peu de PME disposent d'un livret de suivi du salarié. Ce livret, pourtant capital, permet de rassembler les informations sur sa vie au sein de l'entreprise, à savoir :
– les documents relatifs à son entrée dans l'entreprise : CV, lettre de motivation, date d'entretien, date d'embauche, copie des diplômes ;
– les justificatifs de formation en cours d'emploi ;
– les comptes rendus des entretiens professionnels.

4 La phase d'évaluation

4.1. La phase d'observation

Tous les salariés nouvellement arrivés dans une entreprise ne voient leur contrat de travail confirmé de manière définitive qu'à l'issue d'une période d'essai dont la durée varie en fonction du contrat.

– Selon le statut pour les embauches en CDI :

Ouvriers	2 mois
Agents de maîtrise et techniciens	3 mois
Cadres	4 mois

– En fonction de la durée du contrat pour les embauches en CDD :

Durée du CDD	Durée maximale de la période d'essai
≤ 6 mois	Un jour par semaine dans la limite de 2 semaines
> 6 mois	Un jour par semaine dans la limite de 1 mois

La période d'essai peut être renouvelée une fois si un accord de branche le prévoit et si le contrat de travail stipule expressément cette possibilité. C'est au cours de cette période que le tuteur et/ou le supérieur hiérarchique vont pouvoir tester les compétences réelles du nouveau salarié, sa capacité d'intégration au sein de l'équipe et, sur un plan plus large, au sein de l'entreprise. Réciproquement, le salarié peut aussi évaluer sa capacité d'adaptation et d'intégration.

4.2. La fiche d'évaluation de la phase d'intégration

La satisfaction du nouveau salarié quant à sa phase d'intégration peut être déterminante. C'est pourquoi il est recommandé de lui faire remplir, à l'issue de la période d'essai, une fiche d'évaluation qui précisera les points suivants :
– convivialité de l'accueil réservé ;
– commentaires éventuels sur le travail à effectuer ;
– satisfaction sur la mission du parrain.
En conclusion, la bonne intégration dans une entreprise repose avant tout sur une adéquation parfaite entre le poste de travail et le profil du nouvel embauché. Le reste est largement une affaire de relations humaines.

Exercice La conception d'un document d'accueil

S'entraîner

L'entreprise de services à la personne dans laquelle vous travaillez en tant qu'assistant(e) de gestion connaît un turn-over assez important. Vous pensez qu'il serait nécessaire de créer un livret d'accueil à destination de tout nouvel arrivant. Vous avez rédigé un courriel pour soumettre votre projet à votre responsable et vous mettez en pièce jointe le plan du livret d'accueil.

Travail à faire

Concevez le sommaire du futur livret d'accueil.

Corrigé p. 185

Document

Courriel à destination du responsable

Objet :
Création d'un livret d'accueil

Nous accueillons très fréquemment de nouveaux collaborateurs. L'accueil d'un nouveau salarié génère un certain nombre de tâches administratives et nécessite la diffusion d'un grand nombre d'informations indispensables. La constitution d'un livret d'accueil faciliterait l'exhaustivité des renseignements transmis et permettrait aux nouveaux collaborateurs de conserver et de relire les principales consignes indispensables à l'exercice de leurs missions.
La consultation du personnel nouvellement recruté a donné les résultats suivants en termes de manque d'information :
- faible maîtrise des consignes de sécurité ;
- méconnaissance des formalités d'embauche ;
- difficultés de mémorisation des informations pratiques : horaires de travail, règles applicables en matière de congés et absences, la formation ; méconnaissance de l'organigramme ;
- volonté d'être mieux informé sur l'entreprise et ses relations avec les clients.

Il semble donc que le personnel soit favorable à l'existence d'un livret d'accueil.
Je vous joins en document attaché le sommaire de ce futur livret d'accueil qui je l'espère aura votre approbation.
Cordialement

Assistant(e) de gestion

PJ : plan du livret d'accueil

13 Assurer le suivi administratif du personnel

Chaque entreprise doit constituer et mettre à jour des dossiers individuels du personnel. La tenue de ces dossiers amène à communiquer avec de nombreux organismes sociaux (Sécurité sociale, caisses de retraite, médecine du travail), mais aussi avec les salariés eux-mêmes.

1 L'organisation des dossiers du personnel

1.1. Le dossier administratif

Il contient les documents relatifs à l'état civil, à la carrière, aux congés, aux absences et à la rémunération du salarié. Cependant, certaines informations ne doivent pas y figurer.

	Exemple de contenu	Ne peuvent y figurer
Identité et vie privée	Nom, prénom, adresse du salarié, immatriculation à la SS Âge des enfants	Origine raciale ou ethnique, date d'arrivée en France ou de naturalisation, conditions de logement, appartenance syndicale, vie sexuelle
Carrière	Dossier de candidature et d'embauche Contrat de travail, diplômes, attestations de formation Suivi de formations Résultats des tests et évaluations, rémunération Fiche annuelle d'évaluation	
Absences	Demandes de congés Certificats médicaux pour maladie et accidents du travail, visites de reprise	Informations sur l'état de santé
Discipline	Sanctions disciplinaires prononcées	Extrait du casier judiciaire, sauf pour certaines professions ou en raison de l'activité de l'entreprise

Le salarié dispose d'un droit d'accès et de rectification de son dossier, qu'il soit manuel ou informatisé, et l'employeur est tenu à une obligation de confidentialité sur les données personnelles contenues dans le dossier des salariés. En outre, les dossiers professionnels gérés *via* un fichier informatique doivent faire l'objet d'une déclaration auprès de la Cnil.

1.2. Le classement des dossiers individuels du personnel

Les dossiers du personnel sont généralement assez volumineux. Pour faciliter les manipulations et les consultations, ils sont subdivisés dans des sous-chemises. L'objectif est de permettre un repérage rapide et un accès direct à chaque composante du dossier. Cependant, l'archivage papier est progressivement supplanté par un archivage informatique qui présente de nombreux avantages :

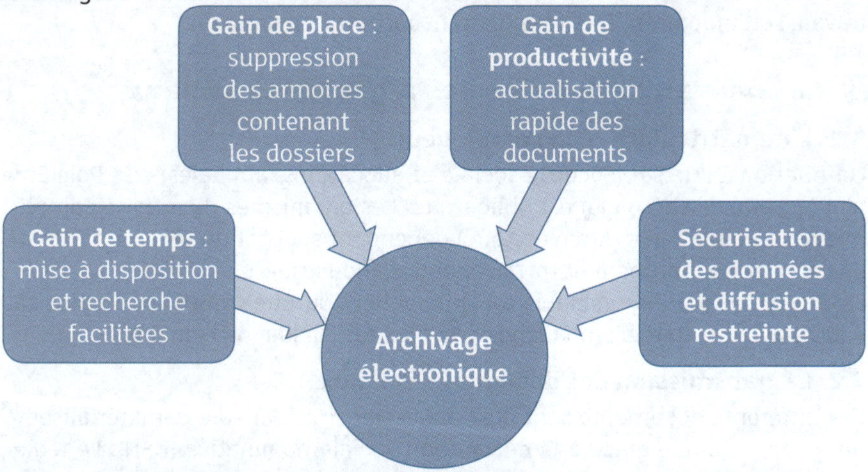

2 La communication avec la médecine du travail

2.1. Le rôle de la médecine du travail

La médecine du travail est une médecine exclusivement préventive. Elle a pour objet d'éviter toute altération de la santé des salariés du fait de leur travail, en surveillant leur état de santé, les conditions d'hygiène du travail, mais aussi en vérifiant que le salarié ne subit pas de harcèlement moral ou sexuel. Le médecin cherche à sensibiliser les salariés aux bonnes conduites à adopter pour éviter de développer des maladies professionnelles.

2.2. La périodicité des visites médicales

La visite médicale est obligatoire tant du point de vue de l'employeur que du point de vue du salarié. Elle concerne tous les salariés, quelle que soit la taille de l'entreprise. Plusieurs types de visites médicales sont obligatoires :

Visite médicale d'embauche	Visite régulière	Visite de préreprise	Visite de reprise
• au plus tard avant la fin de la période d'essai • avant l'embauche pour les femmes enceintes, les salariés de moins de 18 ans, les handicapés, les salariés exposés à des risques particuliers (amiante, bruit...)	• au moins une fois tous les 2 ans • une fois par an si le salarié est déclaré en surveillance médicale renforcée (exposition à des risques particuliers)	• après une absence de plus de 3 mois, cette visite permet de valider l'aptitude du salarié à reprendre son poste de travail	• après un congé maternité, une maladie professionnelle, un accident du travail avec absence de 30 jours • la visite doit être organisée dans les 8 jours qui suivent la reprise

En dehors des visites obligatoires, le médecin peut recevoir le salarié à sa demande ou à la demande de l'employeur.
Le temps consacré aux visites médicales du travail est soit pris sur le temps de travail, soit indemnisé ; les frais de transport sont remboursés.

3 La communication avec les organismes sociaux

3.1. L'immatriculation de l'employeur

L'affiliation à l'Urssaf (Sécurité sociale et allocations familiales) et à Pôle Emploi (assurance chômage) est obligatoire. Les organismes de retraite complémentaire obligatoires (Arrco et Agirc) dépendent souvent du secteur d'activité de l'entreprise (bâtiment et travaux publics, industrie).
La DPAE (déclaration préalable à l'embauche) doit être transmise au plus tôt 8 jours avant la date d'embauche et au plus tard le jour de l'embauche.

3.2. La transmission des documents sociaux

Ces différents documents sont désormais transmis par voie dématérialisée à un guichet unique grâce à la déclaration sociale nominative (DSN). Le règlement des cotisations s'effectue également par téléréglement ou virement.

3.3. La communication avec les salariés

L'assistant(e) de gestion peut être amené(e) à communiquer avec les salariés et à leur fournir des informations sur la législation ou sur le contenu de leur dossier. Ces informations doivent être fournies dans la plus stricte confidentialité.

S'entraîner

Exercice 1 La communication avec les salariés

Vous êtes assistant(e) de gestion dans une petite entreprise de construction et vous recevez la visite ce jour, 2 février N, de Kevin Mansour. Sa compagne attend la naissance de jumeaux et il vient d'être informé de la possibilité de bénéficier d'un congé de paternité, mais ne sait pas dans quelles conditions.

Vous le félicitez pour cette heureuse nouvelle et vous lui demandez de revenir en fin de journée, le temps pour vous de vous renseigner précisément sur les modalités d'obtention de ce congé.

Travail à faire

Rédigez un bref mémo pour donner les renseignements demandés au salarié Mansour.

Corrigé p. 186

Document 1

Renseignements extraits du dossier individuel du salarié

Kevin Mansour travaille depuis 11 mois dans l'entreprise en tant qu'ouvrier professionnel au coefficient 185 pour un salaire de 1 635 € mensuel pour 35 heures par semaine.

Sans enfant, il est Pacsé.

La naissance des enfants est prévue pour le 15 mars, mais compte tenu de cette double naissance, il se pourrait que celle-ci survienne un peu plus tôt.

Le père souhaite pouvoir prendre son congé 1 semaine après la naissance, au retour de la maternité.

Document 2

Votre congé de paternité et d'accueil de l'enfant

Qui peut en bénéficier ?

Le congé de paternité et d'accueil de l'enfant est un droit ouvert à tout salarié. Vous pouvez en bénéficier quelles que soient votre ancienneté ou la nature de votre contrat (CDI, CDD, temps partiel, intérimaire, saisonnier…) à l'occasion de la naissance d'un enfant, dans les situations suivantes :

- si vous êtes le père de l'enfant, quelle que soit votre situation familiale : mariage, pacte civil de solidarité (Pacs), union libre, divorce ou séparation, même si vous ne vivez pas avec votre enfant ou avec sa mère ;
- si vous n'êtes pas le père de l'enfant mais êtes le conjoint de la mère, ou son partenaire de Pacs, ou si vous vivez maritalement avec elle.

Durée du congé de paternité et d'accueil de l'enfant

Le congé de paternité et d'accueil de l'enfant est d'une durée maximale de :
- 11 jours consécutifs au plus (samedis, dimanches et jours fériés compris) pour la naissance d'un enfant ;
- 18 jours consécutifs au plus pour une naissance multiple.

Il s'ajoute aux 3 jours d'absence autorisés prévus par le Code du travail. Il peut débuter immédiatement après ces 3 jours ou à un autre moment, mais impérativement dans les 4 mois qui suivent la naissance de l'enfant.

À noter que ce congé n'est pas fractionnable et que vous pouvez choisir d'en raccourcir la durée.

Les formalités à effectuer auprès de votre employeur

Vous devez informer votre employeur de la date et de la durée de votre congé, 1 mois au minimum avant la date choisie de début du congé de paternité et d'accueil de l'enfant.

Il est conseillé de le faire par lettre recommandée avec accusé de réception par souci de bonne gestion.

Dès le début de votre congé, votre employeur devra établir une attestation de salaire.

Le congé de paternité et d'accueil de l'enfant entraîne la suspension du contrat de travail.

Le bénéficiaire du congé peut démissionner pendant le congé.

À l'issue du congé, le salarié retrouve son précédent emploi ou un emploi similaire assorti d'une rémunération au moins équivalente.

Le bénéficiaire du congé de paternité et d'accueil de l'enfant perçoit des indemnités journalières pendant la durée du congé.

Les formalités à accomplir auprès de votre caisse d'assurance maladie

- une copie intégrale de l'acte de naissance de l'enfant ;
- ou la copie du livret de famille mis à jour ;
- ou, le cas échéant, la copie de l'acte de reconnaissance de l'enfant.

Document 3

Simulateur de calcul de l'indemnité

Le montant net prévisionnel de votre indemnité journalière est de : 39,62 Euros.

Les prélèvements sociaux (0,5% pour la CRDS et 6,2% pour la CSG) ont été déduits de ce montant.

Il s'agit d'un montant indicatif qui dépend des informations que vous avez saisies. Les indemnités journalières de paternité et d'accueil de l'enfant sont versées pour chaque jour du congé de paternité et d'accueil de l'enfant, y compris les samedis, dimanches et jours fériés.

Exercice 2 L'organisation des dossiers du personnel

S'entraîner

Vous travaillez en qualité d'assistant(e) de gestion pour la SARL Biovital, qui commercialise en gros des produits diététiques ; cette entreprise emploie 49 salariés, dont un gérant, deux secrétaires, deux comptables et un directeur des ressources humaines (DRH) récemment embauché.

Si les fichiers relatifs au personnel sont informatisés, le support papier reste indispensable pour de très nombreux documents : contrat de travail, arrêt maladie, demande de congé, etc. Jusqu'à présent, l'ensemble des dossiers du personnel était réparti entre les bureaux du gérant, des secrétaires et des comptables. Le DRH souhaite les centraliser dans son bureau. Il vous charge dans un premier temps de compléter une fiche d'analyse des dossiers du personnel permettant de savoir qui a accès à ces dossiers.

Chaque dossier du personnel est généralement assez volumineux. Pour faciliter les manipulations et les consultations régulières, on vous charge de proposer un mode de classement des dossiers (alphabétique, thématique ou autre) et de déterminer le matériel le mieux adapté à son fonctionnement.

Travail à faire

1. Complétez l'analyse des dossiers selon le modèle proposé.
2. Proposez un mode de classement pour chaque dossier (alphabétique, thématique) en justifiant chaque choix.
3. Certains documents figurant dans les dossiers du personnel sont irremplaçables, notamment les contrats de travail, qui pourraient être définitivement perdus en cas d'incendie. Indiquez les solutions possibles pour remédier à ce risque.

Corrigé p. 187

Document

Fiche d'analyse des dossiers du personnel (modèle)

		Justification
Personne habilitée à utiliser les dossiers	Le gérant Les secrétaires Les comptables Le DRH	
Documents qui composent chaque dossier	Recrutement Salaires Formation Absences et congés Visites médicales Sanctions	
Rangement des dossiers	Dans le bureau du DRH	
Consultation des dossiers	Dans le bureau du DRH	
Périodicité d'utilisation des dossiers	Selon les besoins de la mise à jour Au moins une fois par mois pour la préparation de la paie	
Nombre de dossiers	49 dossiers	

14 Gérer le temps de travail

1 La réglementation et l'aménagement de la durée du travail

1.1. La durée légale du travail

Fixée à 35 heures par semaine pour toutes les entreprises, la durée légale du travail est une durée de référence. Il ne s'agit ni d'une durée minimale (les salariés peuvent être employés à temps partiel), ni d'une durée maximale (des heures supplémentaires peuvent être effectuées mais avec une limite).

Durée maximale quotidienne	Durée maximale hebdomadaire	Durée maximale hebdomadaire sur une période de 12 semaines consécutives
10 heures	48 heures 60 heures avec accord de l'Inspection du travail	44 heures 46 heures selon les mêmes conditions

L'amplitude maximale hebdomadaire de travail est de 6 jours et le salarié doit bénéficier d'un repos d'au moins 35 heures consécutives. Le dimanche reste la journée de repos légale, sauf dérogation (commerce ou secteur du tourisme, par exemple).

1.2. Le travail à temps partiel

La durée minimale d'un contrat de travail à temps partiel est fixée à 24 heures par semaine et les horaires doivent être regroupés sur des journées ou des demi-journées régulières ou complètes.

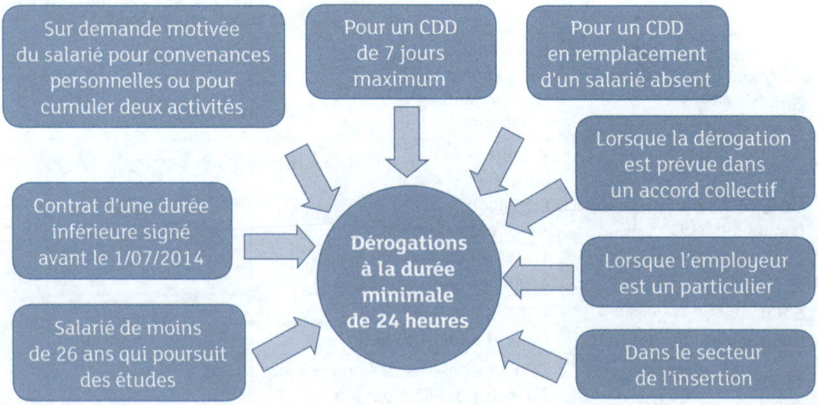

1.3. L'aménagement de la durée du travail

D'une semaine à l'autre, l'activité d'une entreprise peut être irrégulière, du fait soit de son caractère saisonnier, soit de la fluctuation des commandes. Pour éviter les heures supplémentaires en période de forte activité et le chômage partiel en période de faible activité, l'entreprise peut répartir la durée du travail sur l'année, à condition qu'une convention ou qu'un accord collectif l'y autorise et en prévoie les modalités. En l'absence d'accord collectif, un tel aménagement est également possible par l'employeur, mais sur une période de 4 semaines au maximum. Dans ce dernier cas, l'employeur doit établir le programme indicatif de la variation de la durée du travail et doit en aviser les salariés au moins 7 jours ouvrés avant la variation d'horaire.

1.4. Heures supplémentaires et heures complémentaires

Toute heure complémentaire accomplie, à la demande de l'employeur, au-delà de la durée légale de 35 heures est une heure supplémentaire.

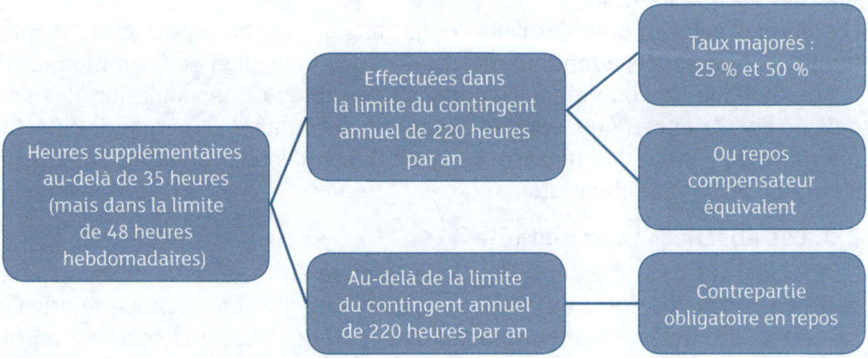

Dans le cas d'un salarié à temps partiel, les heures effectuées au-delà de la durée fixée dans le contrat sont des heures complémentaires.

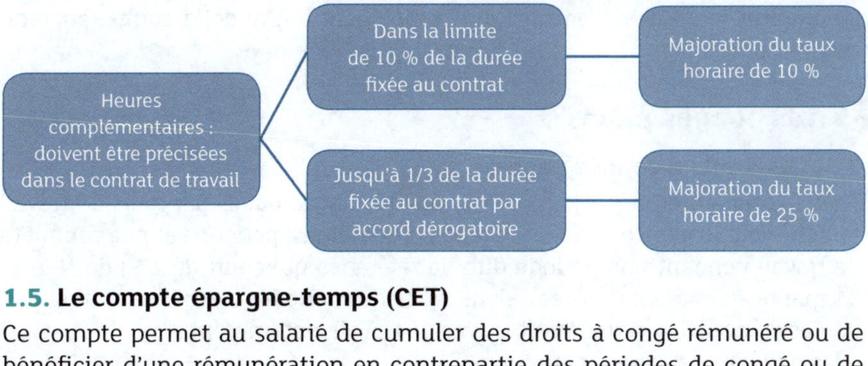

1.5. Le compte épargne-temps (CET)

Ce compte permet au salarié de cumuler des droits à congé rémunéré ou de bénéficier d'une rémunération en contrepartie des périodes de congé ou de repos non prises ou des sommes qu'il y a affectées. La convention ou l'accord prévoyant l'ouverture d'un CET doit préciser également les conditions d'utilisation des droits acquis.

1.6. Les journées de RTT

Les journées de RTT sont des jours de repos attribués aux salariés en compensation d'une durée de travail supérieure à 35 heures par semaine. Le nombre de jours de RTT varie selon l'horaire hebdomadaire des salariés. Plus l'horaire de travail dépasse les 35 heures par semaine, plus le nombre de journées de RTT est élevé. Ces journées de RTT doivent être prises avant le 31 décembre de l'année civile.

2 Les absences

2.1. Les absences à caractère personnel

L'absence du salarié suspend temporairement le contrat de travail. Une absence non justifiée peut entraîner la rupture du contrat de travail. L'absence du salarié fera l'objet d'une retenue sur salaire.

2.2. Les autres congés

Les salariés peuvent obtenir divers congés tels que : congés pour événements familiaux (naissance, adoption, mariage), congé individuel de formation (Cif), congé de bilan de compétences, congés pour obtenir une validation des acquis de l'expérience (VAE), congés destinés aux titulaires d'un mandat électif (membre du comité d'entreprise, du CHSCT), congés pour création ou reprise d'entreprise, congé sabbatique.

2.3. Les absences pour maladie

La maladie du salarié va entraîner une retenue sur salaire. Pour éviter une perte de revenu, un système d'indemnisation a été mis en place. Le salarié va percevoir : des indemnités journalières de la part de la Sécurité sociale à partir du 4e jour de maladie (les 3 premiers jours ne sont pas indemnisés) et des indemnités journalières complémentaires de la part de l'employeur à partir du 8e jour de maladie (les 7 premiers jours ne sont pas indemnisés). Le calcul des indemnités journalières versées par l'employeur relève de la compétence du service comptable.

3 Les congés payés

3.1. Les droits à congés payés

Tout salarié a droit à 2,5 jours ouvrables de congés payés par mois de travail effectif, soit 30 jours ouvrables de repos (5 semaines) pour une année complète de travail pendant une période dite de référence qui court du 1er juin N-1 au 31 mai de l'année N. Dans ce calcul, certaines périodes d'absence sont considérées comme des périodes effectives de travail, notamment :

– les périodes de congés payés ;
– les périodes de congé maternité ou de congé d'adoption ;
– les périodes de congé de formation ;

– les périodes d'arrêt de travail pour maladie professionnelle ou pour accident du travail ;
– les contreparties obligatoires en repos prévues pour des heures supplémentaires.

Le seul jour férié légalement considéré comme devant être obligatoirement chômé (non travaillé) et payé est le 1er mai. Les autres jours fériés (1er janvier, lundi de Pâques, 8 mai...) ne sont pas obligatoirement chômés et payés. Si dans la période des congés, il y a un jour férié habituellement chômé, la durée des congés est prolongée d'une journée.

3.2. La fixation des dates de départ en congé

C'est l'employeur qui fixe les dates de départ en congé. Pour fixer l'ordre des départs en vacances, l'entreprise doit tenir compte de certains paramètres comme la situation de famille du salarié, son ancienneté dans l'entreprise, etc. L'ordre des départs ainsi que les dates de départ et de retour doivent être communiqués à chaque salarié au moins 1 mois à l'avance et doivent faire l'objet d'un affichage. Il faut également informer les salariés qu'ils doivent solder leurs congés avant la fin du mois de mai.

3.3. Les modalités de la prise de congés payés

a) Le congé principal

La période des congés payés est fixée par les conventions ou accords collectifs de travail. Elle inclut dans tous les cas la période du 1er mai au 31 octobre de chaque année : ce congé principal est de 24 jours ouvrables au maximum, soit 4 semaines de 6 jours ouvrables.

Un salarié ne peut pas prendre 5 semaines consécutives de congés payés.

b) Le congé fractionné

Les congés non pris pendant la période du congé principal doivent être soldés au cours de la période du 1er novembre au 30 avril suivant le congé principal. Le nombre de jours restants (en dehors de la 5e semaine de congés) peut alors donner droit à congés supplémentaires.

S'entraîner

Exercice La planification des congés payés d'été

Vous travaillez en qualité d'assistant(e) de gestion au sein de la société Terranove, qui fabrique des accessoires pour salles de bains. Dix personnes (y compris vous) travaillent au service administratif : deux cadres, quatre comptables, trois secrétaires et vous-même. Vous êtes chargé(e) de planifier les dates des congés payés pour la période d'été allant du 1er juin au 30 septembre prochain. Vous disposez des documents 1 à 4 pour effectuer ce travail.

Travail à faire

1. Indiquez les conflits éventuels concernant les dates de congés et le moyen de les résoudre.
2. Présentez le planning prévisionnel des congés payés des semaines 24 à 41 pour l'ensemble des salariés du service administratif.

Corrigé p. 188

Document 1

Ordre des départs en congés

L'ordre des départs en congé est fixé à l'amiable dans chaque service. S'il ne peut être obtenu ainsi, il sera fixé en tenant compte des critères suivants :
- nécessités de service ;
- charges de famille, en particulier en ce qui concerne les enfants en âge d'être scolarisés ;
- ancienneté dans l'entreprise. Les conjoints travaillant tous deux dans la société ont droit à un congé simultané.

Les listes fixant l'ordre de départ en congé du personnel, définitivement arrêtées par la direction, seront affichées dans chaque service au plus tard le 1er avril.

L'entreprise est ouverte du lundi au vendredi. Les jours fériés ordinaires sont accordés aux salariés et ne sont pas rattrapés. Au cours de la période allant du 1er juin au 30 septembre, les salariés devront obligatoirement prendre au moins 20 jours ouvrés de congés payés, soit 4 semaines de 5 jours ouvrés.

Document 2

Nécessités de service

L'entreprise assure une continuité d'exploitation pendant toute la période. Au cours de la période allant du 26 juillet au 15 août (semaines 32, 33 et 34), il est nécessaire de requérir la présence d'au moins un(e) cadre, une secrétaire, un(e) comptable et de l'assistant(e) de gestion.

Document 3 Calendrier de la période

Mois de juin							
N°	L	M	M	J	V	S	D
24	31	1	2	3	4	5	6
25	7	8	9	10	11	12	13
26	14	15	16	17	18	19	20
27	21	22	23	24	25	26	27
28	28	29	30	1	2	3	4

Mois de juillet							
N°	L	M	M	J	V	S	D
28	28	29	30	1	2	3	4
29	5	6	7	8	9	10	11
30	12	13	14	15	16	17	18
31	19	20	21	22	23	24	25
32	26	27	28	29	30	31	1

Mois d'août							
N°	L	M	M	J	V	S	D
33	2	3	4	5	6	7	8
34	9	10	11	12	13	14	15
35	16	17	18	19	20	21	22
36	23	24	25	26	27	28	29
37	30	31	1	2	3	4	5

Mois de septembre							
N°	L	M	M	J	V	S	D
37	30	31	1	2	3	4	5
38	6	7	8	9	10	11	12
39	13	14	15	16	17	18	19
40	20	21	22	23	24	25	26
41	27	28	29	30	1	2	3

Période de présence minimale obligatoire — Jours non travaillés

Document 4

Souhaits des salariés du service administratif

- M. Paul Rogeri, cadre, souhaite partir en congé du 2 au 20 août inclus et du 6 au 10 septembre inclus. Il est célibataire et sans enfant. En cas d'impossibilité sur une période donnée, il accepterait de prendre une semaine du 5 au 9 juillet inclus.
- Mme Suzanne Algeraud, cadre, voudrait partir du 19 juillet au 6 août inclus et du 23 au 27 août inclus. Elle est mariée et mère de deux enfants scolarisés.
- L'assistant(e) de gestion souhaite partir du 21 juin au 2 juillet inclus et du 16 au 27 août inclus.
- M. Pierre Sylvon, comptable, aimerait partir du 2 au 27 août inclus.
- M. André Agacio, comptable, souhaite prendre la période du 6 septembre au 1er octobre inclus.
- Mlle Pauline Grand, comptable, voudrait partir du 28 juin au 9 juillet inclus et du 23 août au 3 septembre inclus.
- Mme Amandine Girard, comptable, souhaite prendre son congé du 19 au 30 juillet inclus et du 16 au 27 août inclus.
- Mlle Julie Tanz, secrétaire, souhaite partir du 7 au 25 juin inclus et du 16 au 27 août inclus.
- Mlle Hélène Paget, secrétaire, voudrait prendre son congé du 28 juin au 9 juillet inclus, du 23 au 27 août inclus et du 6 au 10 septembre inclus.
- Mme Annie Lepat, secrétaire, demande à prendre la période du 2 au 27 août inclus.

15 Préparer les éléments de la paie

Mémorisez

L'assistant(e) de gestion peut être amené(e) à transmettre les informations nécessaires au calcul de la paie au comptable de l'entreprise et pour cela doit connaître les différentes composantes du salaire.

1 Les composantes du salaire brut

1.1. Le salaire de base

Sauf cas particuliers (travail saisonnier, travail à domicile), les salariés sont rémunérés sur la base de 151,67 heures de travail par mois, correspondant à une moyenne annuelle de 35 heures hebdomadaires. Le salaire de base se calcule comme suit :
Salaire de base = taux horaire x nombre d'heures de travail mensuel.

1.2. Le salaire minimum

Au 1er janvier 2016, le SMIC s'élève à 1 466,62 € brut pour 35 heures de travail hebdomadaires. Ce montant est réduit de 10 % pour les salariés âgés de 17 à 18 ans et de 20 % pour les salariés âgés de moins de 17 ans.
Certaines conventions collectives peuvent prévoir un salaire minimum conventionnel, qui ne peut pas être inférieur au minimum légal.

1.3. Les heures supplémentaires

On a vu dans la Fiche 14 que les heures supplémentaires ou complémentaires effectuées par le salarié sont comptabilisées de façon à être payées à des taux différents. L'assistant(e) de gestion pourra tenir un tableau de suivi mensuel des heures supplémentaires comme ci-dessous :

Salarié X	35 heures/semaine Nombre d'heures effectuées					Mois		
	Lundi	Mardi	Mercredi	Jeudi	Vendredi	Cumul	HS à +25 %	HS à +50 %
Semaine 1	7	8	7	9	7	38	3	
Semaine 2	8	7	9	7	8	39	4	
Semaine 3	7	8	7	7	7	36	1	
Semaine 4	8	8	7	7	7	37	2	
Total mensuel							10	

Le cumul annuel des données mensuelles permet de vérifier si le contingent annuel de 220 heures est atteint, ce qui donne droit à repos compensateur.

2 Les autres majorations et retenues composant le salaire de base

2.1. Les primes

Les primes représentent un complément de salaire versé au salarié. Les usages (montant, conditions d'obtention, périodicité) sont très variables selon les entreprises. On distingue plusieurs catégories de primes, dont :
– la prime d'ancienneté, versée selon l'ancienneté du salarié dans l'entreprise ;
– la prime de résultat ou sur objectif, attribuée selon le résultat individuel du salarié, ou selon le résultat de l'équipe ou de l'entreprise ;
– la prime de fin d'année ou 13e mois ;
– la prime d'assiduité, qui récompense les salariés qui se sont peu ou pas absentés pendant l'année ;
– la prime de sujétion pour travaux pénibles ou dangereux.

2.2. Les avantages en nature

L'employeur fournit à ses salariés des prestations (biens ou services) soit gratuites, soit moyennant une participation financière du salarié inférieure à la valeur réelle des prestations. Le montant de l'avantage en nature doit être chiffré et doit figurer sur le bulletin de paie pour être inclus dans le calcul des cotisations sociales. En revanche, le montant est ensuite déduit du montant net à payer.

2.3. Les périodes d'absence

Les périodes d'absence (hors congés payés ou congés de formation) et éventuellement les retards cumulés entraînent une retenue sur le montant du salaire de base.
Un tableau de suivi permet en outre de calculer l'absentéisme dans l'entreprise qui est un indicateur pertinent du climat social.

EXEMPLE →

Nom Prénom	Catégorie (1)	Service / atelier	Dates d'absence		Durée en jours	Motif (2)
			du	au		

(1) : O : ouvrier, E : employé, T : technicien, C : cadre

(2) : M : maladie ; mat : maternité, AT : accident du travail, NJ : non justifiée, etc.

S'entraîner

Exercice 1 Le suivi des heures supplémentaires

Dans l'entreprise Pinson, la durée de travail a été fixée à 35 heures. L'entreprise n'a pas conclu d'accord collectif en matière d'aménagement du temps de travail, mais le chef d'entreprise a mis en place un repos compensateur de remplacement (RCR) pour la moitié des heures supplémentaires effectuées dans chaque catégorie.
La majoration des HS est soumise au régime légal : +125 % pour les 8 premières heures, +150 % pour les heures suivantes.

Travail à faire

1. Complétez le tableau de suivi des heures supplémentaires.
2. Calculez le montant des heures supplémentaires et le nombre d'heures acquises au titre du RCR à faire figurer sur le bulletin de salaire.

Corrigé p. 189

Document 1

Au mois d'avril, en raison d'une surcharge de travail momentanée, un salarié travaillant pour un taux horaire de 12 € a effectué les heures suivantes :

Salarié X	35 heures/semaine Nombre d'heures effectuées					Mois		
	Lun	Mar	Mer	Jeu	Ven	Cumul	HS à +25 %	HS à +50 %
Semaine 1	8	9	10	10	8			
Semaine 2	8	9	9	10	9			
Semaine 3	7	8	7	7	7			
Semaine 4	8	8	7	8	7			
Total mensuel								

Document 2

Rappel du régime des heures supplémentaires

Les heures supplémentaires ouvrent droit à une majoration de salaire de 25 % pour les 8 premières heures et de 50 % au-delà. Un accord collectif peut prévoir un taux inférieur ou le remplacement du paiement par un repos compensateur de remplacement (RCR). Dans les entreprises dépourvues de délégué syndical, ce remplacement peut être mis en place à l'initiative de l'employeur, à condition qu'il n'y ait pas d'opposition de la part de représentants du personnel. Ainsi le paiement d'une HS à +150 % peut être remplacé par un repos d'une durée de 1 h 30 et le paiement d'une HS à +125 % peut être remplacé par un repos d'une durée de 1 h 15. Dès qu'un salarié a acquis 7 heures de repos compensateur, celui-ci peut être pris par journée entière ou par demi-journée à sa convenance.

Exercice 2 Le calcul d'un salaire brut

S'entraîner

Vous travaillez en qualité d'assistant(e) de gestion au sein de la société Primevert. Vous êtes chargé de collecter les éléments nécessaires à la préparation de la paie de M. Pierre Lavon pour le mois de juin. On vous précise qu'au cours du mois de mai, le montant des commandes réalisées par M. Lavon s'est élevé à 30 480 €. Le salarié n'a eu aucune absence dans le mois et ne bénéficie d'aucun avantage en nature.

Travail à faire

Calculez le salaire mensuel brut de M. Lavon pour le mois de juin.

Corrigé p. 189

Document 1

Renseignements relatifs à l'activité de Pierre Lavon

M. Pierre Lavon est responsable commercial depuis 12 ans. Son salaire est composé comme suit :
- une partie fixe représentée par son salaire mensuel de base (1 515 €) et par la prime d'ancienneté ;
- une partie variable qui dépend du montant du chiffre d'affaires réalisé au cours du mois précédent (prime d'objectif).

Document 2 Calcul de la prime d'ancienneté

La prime d'ancienneté est calculée sur le salaire mensuel de base en fonction d'un pourcentage qui varie selon le temps passé dans l'entreprise :
- 3 % pour une ancienneté inférieure ou égale à 5 ans ;
- 4 % pour une ancienneté supérieure à 5 ans et inférieure ou égale à 10 ans ;
- 5 % pour une ancienneté supérieure à 10 ans.

Document 3 Calcul de la prime d'objectif

Elle dépend du montant des commandes réalisées le mois précédent.

Tranches des commandes	% de la prime
De 0 à 13 000 €	2 %
De 13 001 à 17 000 €	3 %
De 17 001 à 23 000 €	4 %
De 23 001 à 30 000 €	5 %
Au-delà de 30 000 €	6 %

16 Réaliser des déclarations sociales

1 Les cotisations sociales et fiscales

1.1. Les cotisations sociales

Les cotisations sociales, aussi bien celles dues par le salarié que celles dues par l'employeur, se calculent sur la base du salaire mensuel brut : les cotisations patronales correspondent à la contribution de l'entreprise au financement des différentes organisations sociales et s'ajoutent au salaire brut ; les cotisations salariales sont prélevées par l'entreprise et sont versées aux organismes sociaux en même temps que les charges patronales.

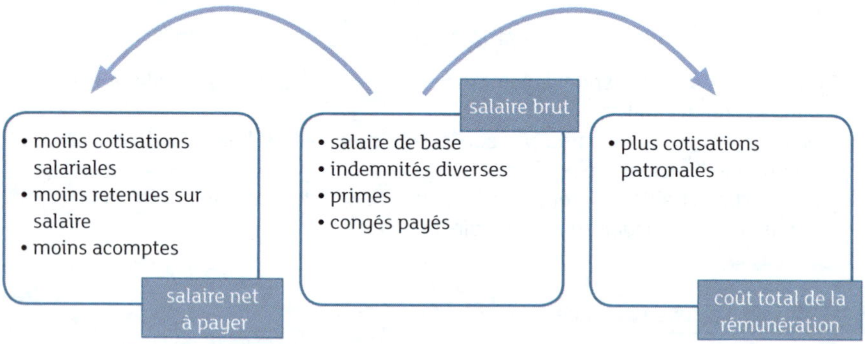

1.2. Les principales cotisations sociales

Les cotisations sociales sont regroupées en quatre grandes catégories :
– celles versées à l'Urssaf (Sécurité sociale et allocations familiales) ;
– celles versées à Pôle Emploi (assurance chômage) ;
– celles versées aux caisses de retraite complémentaire (Arrco, Agirc, AGFF) ;
– les autres contributions : aide pour le logement, versement de transport, assurance décès pour les cadres.

Chacun de ces organismes prélève un pourcentage du salaire du cotisant, ce qui permet de financer les différentes prestations qui seront versées au salarié : indemnités maladie, pension de vieillesse, retraite complémentaire, etc.

1.3. Le salaire plafond de la Sécurité sociale

Si la plupart des cotisations sociales sont calculées sur la totalité du salaire brut, certaines cotisations sont plafonnées. Le salaire plafond est fixé chaque année par décret.

1/01/2016	Plafond de la Sécurité sociale
Mensuel	3 218 €
Annuel	38 616 €

1.4. Les tranches des organismes de retraite complémentaire

Ce même plafond est utilisé par les organismes de retraite complémentaire (Arrco pour les salariés non cadres et Agirc les pour salariés cadres) pour fixer les bases de calcul de leurs cotisations.

Retraite Arrco	Tranche 1	Tranche 2 (de 1 à 3 fois le plafond)
	De 1 € à 3 218 €	De 3 218 € à 9 654 €

Retraite Agirc	Tranche A	Tranche B (de 1 à 4 fois le plafond)	Tranche C (de 4 à 8 fois le plafond)
	De 1 € à 3 218 €	De 3 218 € à 12 872 €	De 12 872 € à 25 744 €

1.5. La CSG et la CRDS

La contribution sociale généralisée (CSG) et la contribution pour le remboursement de la dette sociale (CRDS) sont exclusivement à la charge du salarié. Elles sont calculées sur la base du salaire brut diminué d'un abattement de 1,75 % (soit sur 98,25 % du salaire).

On peut les scinder en deux catégories :

– les cotisations déductibles du revenu fiscal imposable : la CSG dite déductible représente 5,1 % ;

– les cotisations non déductibles du revenu fiscal imposable : la CSG dite non déductible (2,40 %) et la CRDS (0,50 %), soit en tout 2,9 %.

La CSG non déductible et la CRDS s'ajoutent au salaire net à payer pour former le net imposable, qui sera soumis à la base de calcul de l'impôt sur le revenu.

1.6. Le calcul du net à payer

Le salaire net à payer au salarié se calcule de la façon suivante :

Salaire brut – Cotisations sociales salariales – Acomptes versés sur salaire – Retenues sur salaire – Avantages en nature.

Les retenues sur salaire se matérialisent le plus souvent par une saisie-arrêt. Cette procédure judiciaire permet à l'employeur de prélever sur le salaire le montant de la dette d'un salarié selon un barème précis, afin de payer directement le créancier.

1.7. Les charges fiscales sur salaire

L'entreprise est également redevable d'impôts et taxes qui sont calculés sur la base de la masse salariale de l'entreprise (c'est-à-dire la somme de tous les salaires versés pendant l'année), notamment : la taxe sur les salaires, la taxe d'apprentissage, la participation des employeurs à la formation professionnelle continue, ou encore la participation à l'effort de construction.

2 La transmission des documents sociaux

L'établissement des bulletins de paie relève généralement du comptable de l'entreprise. L'assistant(e) de gestion est le plus souvent amené(e) à transmettre ces documents dans le respect des délais aux différents organismes et à fournir des explications aux salariés sur les éléments de calcul de leur bulletin.

2.1. Les modes de transmission

D'importantes modifications sont en cours dans les procédures de transmission des différents documents aux organismes sociaux.

L'obligation de déclaration et de paiement par voie dématérialisée. À compter du 1er janvier 2016, toute entreprise ayant déclaré l'année précédente à l'Urssaf au moins 20 000 € de cotisations doit effectuer ses déclarations et paiements de façon dématérialisée. Les formulaires de déclaration sont soit disponibles en ligne, soit transmis directement à partir du logiciel de gestion. En outre, le télérèglement simplifie le règlement des cotisations à l'échéance.

Le passage progressif pour toutes les entreprises à la **déclaration sociale nominative** (DSN). Cette déclaration, mensuelle et dématérialisée, vise à rassembler toutes les déclarations sociales, qui étaient préalablement effectuées auprès des différents organismes de protection sociale, telles que :

– attestation de salaires pour le paiement des indemnités journalières maladie ;
– attestation de l'employeur destinée à Pôle Emploi ;
– déclaration des mouvements de main-d'œuvre (contrats conclus ou rompus le mois précédent) ;
– déclaration unifiée des cotisations sociales (Ducs) ;
– bordereau récapitulatif des cotisations sociales (BRC) ;
– tableau récapitulatif annuel (TR) ;
– attestation des salaires pour l'assurance maladie au titre des accidents du travail.

Le rôle de l'assistant(e) de gestion peut être de tenir un échéancier des différents versements mensuels à l'attention du responsable de l'entreprise.

2.2. La communication avec les salariés

L'assistant(e) de gestion est parfois amené(e) à jouer un rôle d'interface avec les salariés pour commenter et expliquer le bulletin de salaire. Ce rôle demande doigté, discrétion, mais aussi une certaine connaissance des composantes de la paie : mécanismes de calcul des différentes primes, taux et assiette des cotisations, calcul des retenues pour absences, etc.

Exercice 1 La vérification d'un bulletin de paie

S'entraîner

Vous travaillez en qualité d'assistant(e) de gestion au sein de la société Samian, qui emploie une soixantaine de salariés dans le secteur du bâtiment. M. Marc Bellad, embauché début septembre, vient vous voir pour contester son bulletin de salaire du mois de décembre (document 1) et obtenir quelques explications. Après avoir noté ses remarques, vous avez consulté le registre des absences du mois de décembre pour l'équipe de travaux voirie (document 2).

Travail à faire

1. Effectuez les vérifications demandées par M. Bellad.
2. Rédigez une note qui sera adressée à M. Bellad, d'une part pour justifier l'exactitude du bulletin de paie, d'autre part pour lui fournir des explications sur les points qu'il souhaite éclaircir.

Corrigé p. 190

Document 1

Remarques de M. Bellad

M. Bellad conteste le montant de la prime d'efficacité de 230 € de fin d'année. Il a en effet examiné le bulletin de paie d'un autre membre de l'équipe de travaux voirie, dont la prime s'élève à 690 €. Cette prime est accordée par la société Samian à l'ensemble de l'équipe, en récompense du travail réalisé dans l'année. C'est en fait une prime annuelle globale de 5 520 € répartie au prorata du nombre de salariés présents (8 en tout) et au prorata du nombre de mois travaillés dans l'année. D'autre part, M. Bellad ne comprend pas pourquoi on lui retient une journée entière de travail sur son bulletin de paie alors qu'il n'a été absent qu'une demi-journée.
M. Bellad souhaite par ailleurs quelques éclaircissements, notamment savoir pourquoi la base de calcul de la CSG est différente de son salaire brut. De plus, pour la retraite complémentaire, il souhaite savoir pourquoi elle n'a pas été calculée sur la tranche A et pour quelle raison les calculs relatifs à la tranche B ne figurent pas sur le bulletin de paie. Enfin, il souhaite connaître la signification du salaire net imposable à déclarer et la raison pour laquelle ce dernier est supérieur à son salaire net à payer.

Document 2

Extrait du registre des absences du mois de décembre

Date	Équipe du matin 6 h - 13 h	Équipe de l'après-midi 13 h - 20 h	Salariés absents
12/12/N	X		Bellad Marc

Document 3

BULLETIN DE SALAIRE					
Bulletin du	01/12/N	au	31/12/N		
Nom	Bellad	Prénom	Marc		
Adresse	18, rue Monte Cristo				
Code postal	13004				
Emploi	ouvrier bâtiment	N° SS :	184041305545689		
Cadre	non cadre	Convention collective applicable			Néant
Salaire de base pour	151.67	heures à		11.5	1,744.21
Heures supplémentaires à 25%		heures à		13.75	
Heures supplémentaires à 50%		heures à		16.5	
Autres majorations					
Primes					233.33
Avantages en nature					
Retenues pour absences non rémunérées	7	heures à		11	77.00
Absences congés payés					
Indemnités congés payés					
Total rémunération brute					1,900.54
Retenues cotisations sociales					
		Cotisations salariales		*Cotisations patronales*	
Désignation	Assiette	Taux	Montant	*Taux*	*Montant*
Sécurité sociale					
CSG et CRDS non déductible	1,867.28	2.90%	54.15		
CSG déductible	1,867.28	5.10%	95.23		
Maladie, maternité, invalidité, décès	1,900.54	0.75%	14.25	*12.84%*	*244.03*
Vieillesse déplafonnée	1,900.54	0.35%	6.65	*1.85%*	*35.16*
Vieillesse plafonnée	1,900.54	6.90%	131.14	*8.55%*	*162.50*
Allocations familiales	1,900.54			*5.25%*	*99.78*
Accidents du travail	1,900.54			*3%*	*57.02*
Totaux sécurité sociale			301.42		*598.48*
Retraite complémentaire					
Arrco Tr1	1,900.54	3.10%	58.92	*4.65%*	*88.37*
AGFF Tr1	1,900.54	0.80%	15.20	*1.20%*	*22.81*
Arrco Tr2					
AGFF Tr2					
Totaux retraite complémentaire			74.12		*111.18*
Autres cotisations					
Assurance chômage et AGS	1,900.54	2.40%	45.61	*4.25%*	*80.77*
Contribution solidarité autonomie (CSA)	1,900.54			*0.30%*	*5.70*
FNAL (20 salariés et plus)	1,900.54			*0.50%*	*9.50*
Formation professionnelle	1,900.54			*1.00%*	*19.01*
Totaux autres cotisations			45.61		*114.98*
Totaux cotisations sociales			421.16		*824.64*
Salaire net après cotisations sociales			1,479.38		
Indemnités diverses					
Acomptes versés					
Autres retenues					
Salaire net à payer			1,479.38		
Salaire net imposable à déclarer	1,533.53				
Date de paiement	31/12/N	Employeur			
Mode de paiement	virement	SA Samian	156 Bld Baille	13005 Marseille	
			123 457 203		
		Siret	697 40	Code APE	154Y
Veuillez conserver ce bulletin sans limitation de durée					

Exercice 2 Calculer une indemnité de congés payés

S'entraîner

Le salarié Duran travaille à temps complet (35 heures) sur 5 jours par semaine. Sur la période de référence qui court du 1/06/N-1 au 31/05/N, il a acquis l'intégralité de ses droits à congés payés, soit 30 jours ouvrables. Au mois de février de l'année N+1, il prend 5 jours de congés correspondant à la 5e semaine.

Travail à faire

Calculez l'indemnité de congés payés qui lui sera versée au mois de mars N+1.

Corrigé p. 191

Document 1

Les règles de calcul de l'indemnité de congés payés

Deux modes de calcul sont possibles. La solution la plus avantageuse pour le salarié doit être retenue.

Méthode du 1/10 : l'indemnité due correspond au 1/10 de la rémunération totale brute perçue par le salarié pendant la période de référence. Cette somme doit être proratisée en rapportant le nombre de jours pris pendant la période considérée au nombre de jours de CP acquis.

Méthode du maintien du salaire : le calcul prend en compte le salaire brut de la période précédant immédiatement le congé, et résultera du rapport entre le nombre de jours de congés pris et le nombre de jours de travail effectifs du mois durant lequel le congé a lieu.

Document 2

Extrait du calendrier du mois de février N+1

L	M	M	J	V	S	D
1	2	3	4	5	6	7
8	9	10	11	12	13	14
15	16	17	18	19	20	21
22	23	24	25	26	27	28
29	30	1	2	3	4	5

Document 3

Salaires perçus

Pendant la période de référence, le salarié Duran a perçu outre son salaire mensuel de 2 200 €, 300 € correspondant à des heures supplémentaires et 250 € correspondant à une prime d'objectif.

En janvier N+1, il a effectué pour 54,40 € d'heures supplémentaires.

17 Préparer et suivre les actions de formation

Quel que soit son contrat de travail, le salarié peut se former en tout ou partie pendant le temps de travail. C'est également une obligation pour l'employeur de permettre la formation des salariés.

1 La formation professionnelle

1.1. Les principaux objectifs de la formation professionnelle

On peut distinguer :

– les **actions de formation** : actions qui visent à assurer l'adaptation du salarié au poste de travail, lui permettre d'évoluer ou de participer au maintien de l'emploi dans l'entreprise et développer ses compétences ;

– les actions de **bilan de compétences** (analyse des compétences et aptitudes) et de **validation des acquis de l'expérience** (VAE) (obtention d'un diplôme ou d'une qualification).

1.2. Les différents modes d'accès à la formation

Le CEP (Conseil en évolution professionnelle) est une offre de service en information, en conseil et en accompagnement, gratuite, confidentielle et accessible à tout actif afin de faire le point sur son devenir professionnel.

Le congé individuel de formation (Cif)
- Le salarié prend l'initiative de suivre, avec l'accord de l'employeur, des actions de formation en dehors des formations comprises dans le plan de formation.

Le plan de formation
- Il regroupe l'ensemble des formations organisées pour répondre aux besoins de l'entreprise.
- Il prévoit les objectifs, les salariés ciblés et les moyens à mettre en œuvre.

Le bilan de compétences
- Il permet au salarié d'analyser ses compétences professionnelles et personnelles, ses aptitudes et motivations et de définir un projet d'évolution professionnelle.

Formation professionnelle

Le compte personnel de formation (CFE)
- Il permet à toute personne active d'acquérir des droits à la formation mobilisables tout au long de sa vie professionnelle.
- Un espace personnel sur le site moncompteformation.gouv.fr enregistre les droits acquis par les salariés.

La VAE
- Elle permet d'obtenir une certification sur la base d'une expérience professionnelle après validation par un jury.
- Accessible à toute personne justifiant d'au moins 3 ans d'expérience en rapport avec la certification visée.

1.3. Les modalités de réalisation

Les actions de formation doivent être réalisées avec des objectifs déterminés, des moyens pédagogiques et techniques définis et des modalités d'appréciation des résultats.

2 La mise en œuvre de la formation

2.1. Le financement de la formation

Les OPCA (organismes paritaires collecteurs agréés) collectent les versements des entreprises et assurent en retour le financement des actions prévues dans les plans de formation des entreprises, mais aussi de celles qui sont organisées dans le cadre des congés individuels de formation (Cif) et des comptes personnels de formation (CPF).

On a donc une relation tripartite :

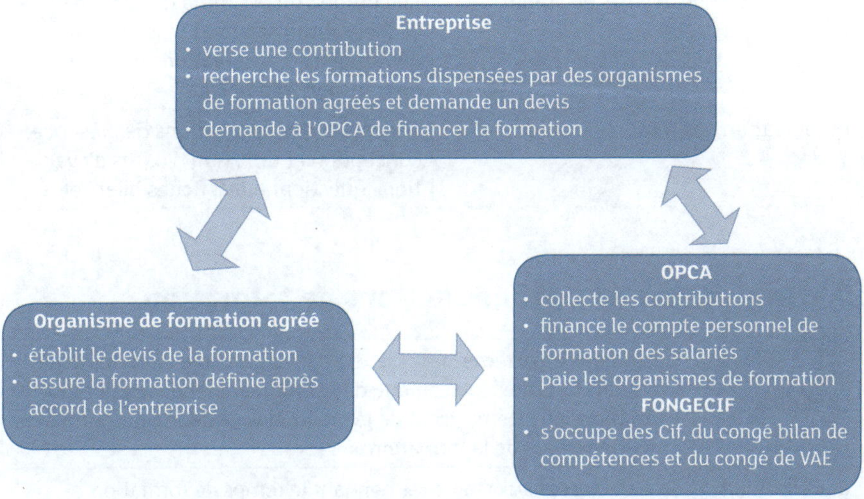

2.2. Le montant de la contribution

La contribution fait l'objet d'un versement unique calculé sur la masse salariale de l'entreprise. L'employeur, pour répondre à son obligation de former, organise ensuite les formations adaptées à son entreprise.

Entreprise de moins de 10 salariés	Contribution unique de 0,55 %
Entreprise de plus de 10 salariés	Contribution unique de 1 %

Nota : si l'employeur n'utilise pas les fonds versés à l'OPCA durant une année donnée, il ne peut récupérer ses cotisations l'année suivante.

2.3. L'organisation et le suivi des actions de formation

Étapes	Méthode et outils
Identification des besoins	Entretien d'évaluation, GPEC
Élaboration du plan de formation et/ou réception des demandes individuelles (Cif, VAE, etc.)	Suivi de la procédure : consultation biannuelle des représentants du personnel
Constitution du cahier des charges : contenu des formations, durée, coût de la formation, etc.	Consultation des organismes de formation agréés et demande de devis
Sélection des organismes ou organisation de la formation en interne	Demande du dossier de prise en charge auprès de l'OPCA avec transmission des devis
Organisation des départs en stage	Élaboration du planning des départs Tâches administratives : inscription des stagiaires, réservations de billets de transport, d'hôtel, etc.
Organisation des retours de stage	Réception des attestations de présence, conception et diffusion d'outils d'évaluation : questionnaires, fiches bilan, etc.

3 L'évaluation du coût des actions de formation

Coût direct	Formations en externe : prix facturé par l'organisme de formation + éventuels frais de déplacement, d'hébergement et de restauration Formations en interne : coût de la production pédagogique + frais de fonctionnement de la formation
Coût indirect	Salaires versés aux stagiaires pendant le temps de formation

Exercice La contribution à la formation professionnelle

S'entraîner

L'entreprise Les Jardins d'Alsace emploie 6 salariés à temps plein et 2 vendeuses à temps partiel. En haute saison, elle embauche 3 personnes en CDD. La gérante, Marjolaine Laffeteur, souhaiterait faire suivre une formation de composition florale à Élise Maurer qui a un CAP de fleuriste et également à Jane Marcel qui n'a pas de formation spécifique. Ne souhaitant pas y consacrer plus de 1 000 €, elle voudrait savoir si ce budget est compatible avec les versements au titre de ses obligations en matière de formation continue des salariés.

Travail à faire

1. Effectuez les calculs nécessaires pour déterminer le montant des cotisations dues.
2. Vous disposez du catalogue FAFSEA : indiquez à Mme Laffeteur s'il est possible de faire suivre des formations aux salariées tout en respectant son budget.

Corrigé p.192

Document 1

Contributions de l'employeur à la formation des salariés

Toute entreprise, quelle que soit sa taille, doit participer au financement de la formation professionnelle des salariés. Pour ce faire, elle doit verser une contribution à l'OPCA (organisme paritaire collecteur agréé) dont elle dépend :

- assise sur la masse salariale annuelle brute soumise à cotisations de Sécurité sociale ;
- dont le taux varie selon l'effectif de l'entreprise.

Pour les entreprises de moins de 10 salariés, la contribution se calcule ainsi :

	Taux	Assiette (année N-1)
Salariés en CDI	0,55 %	Masse salariale annuelle brute
Salariés en CDD	1 %	Ensemble des salaires versés aux salariés en CDD

Document 2

Définition de la masse salariale

La masse salariale est le cumul des rémunérations brutes (y compris les primes et les heures supplémentaires) versées au cours de l'année d'exercice aux salariés de l'établissement.

Document 3

La rémunération des salariés en CDD

L'assiette des salariés en CDD inclut leur rémunération brute, les avantages en nature ou en espèces, l'indemnité de fin de contrat (10 % de la rémunération totale brute perçue en fin de contrat) et l'indemnité de congés payés (10 %) calculée sur la rémunération brute perçue pendant toute la durée du contrat, y compris l'indemnité de congés payés.

Document 4

Récapitulatif des éléments de paie 2016

Salarié	Poste	Salaire de base brut mensuel	Remarques
CONTRATS À DURÉE INDÉTERMINÉE			
MAURER Élise	Fleuriste	1 650 €	Date d'entrée : 21/05/2002
MARCEL Jane	Employée polyvalente	1 550 €	Date d'entrée : 01/04/2007
JEHL Pauline	Employée polyvalente	1 550 €	Date d'entrée : 01/03/2016
DUPON Marie	Employée polyvalente	1 550 €	Date d'entrée : 01/01/2014
OHNET Roland	Pépiniériste	1 590 €	Date d'entrée : 03/10/2006 A pris 1 mois de congés sans solde en mars 2016
GENSEL Alexandre	Maraîcher	1 570 €	Date d'entrée : 01/09/2002 A fait des heures supplémentaires : – en avril : 12 h la 1re semaine – en décembre : 7 h la 3e semaine
ROBERT Christine	Vendeuse	1 550 €	Date d'entrée : 22/09/2012 Travaille à mi-temps
ILLIN Nicole	Vendeuse	1 550 €	Date d'entrée : 15/12/2012 Travaille à temps partiel (80 %)

CONTRATS À DURÉE DÉTERMINÉE			
MUDER Bernard	Vendeur	SMIC	CDD du 13/07 au 30/11/2016
OUDOT Valia	Vendeuse	SMIC	CDD du 16/04 au 31/05/2016
PERGET Roger	Chauffeur	SMIC	CDD du 2/04 au 31/05/2016 CDD du 17/09 au 30/11/2016 Prime de 150 € car zéro dégât

Document 5

Informations complémentaires

Au 1/01/2016, le SMIC mensuel est à 1 466,62 € brut.

Le temps de travail est de 35 heures par semaine, soit 151,67 heures par mois.

Tous les salariés présents en entreprise au 24/12/2016 ont touché une prime de Noël :

- 140 € pour ceux qui ont travaillé effectivement toute l'année à plein temps ;
- 70 € pour les autres, quelle que soit la durée de présence.

Les calculs seront arrondis sur la 2e décimale et effectués sur la base du mois ou du demi-mois.

Les salariés en CDD n'ont pas pris de jours de congés payés pendant leur contrat.

Document 6

Extrait du catalogue 2016 des formations FAFSEA

FORMATION	DURÉE	CONTENU	PUBLIC	COÛT
FORBLEU 31 EXP	1 semaine	Travailler les matériaux exotiques et particuliers	Fleuriste confirmé(e)	2 835 €
FORBLEU 32 DEB	1 journée	Composer un bouquet avec les fleurs incontournables	Débutant(e)	450 €
FORBLEU 34 CONF	3 × 3 heures	Composer un arrangement floral en fonction d'une thématique	Titulaire d'un diplôme de fleuriste ou avec expérience professionnelle en fleurs coupées	500 €
FORBLEU 37 DEB	2 journées	Identifier les principales familles de fleurs Comprendre leur langage Savoir les marier pour les mettre en valeur	Débutant(e)	795 €

18 Connaître les procédures et formalités de départ du salarié

De nombreuses raisons, économiques ou personnelles, peuvent être à l'origine du départ d'un salarié. L'assistant(e) de gestion sera parfois amené(e) à effectuer les formalités administratives du départ du salarié.

1 L'origine du départ définitif du salarié

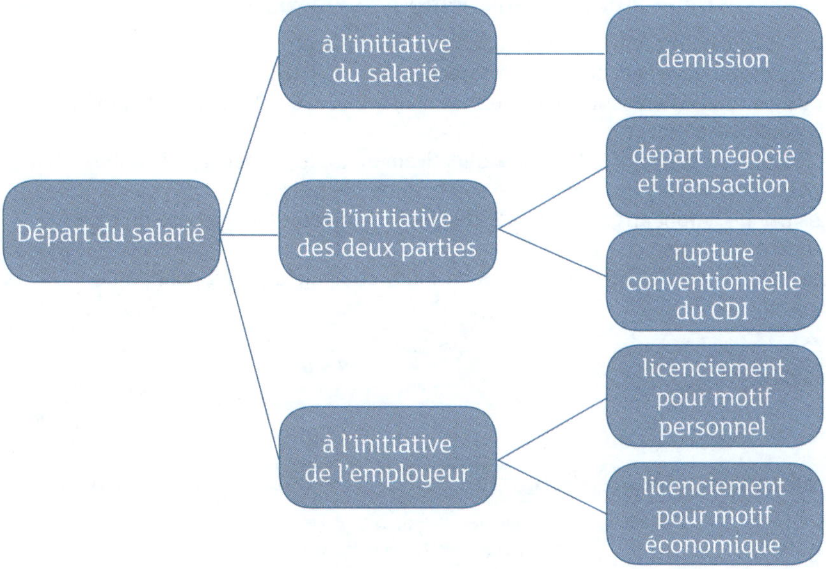

2 Les procédures légales et les conséquences financières liées au départ du salarié

Les procédures à respecter sont strictes sous peine de nullité.

2.1. Le départ à l'initiative du salarié

Démission	Respect d'un préavis de la part du salarié	N'ouvre pas droit aux allocations d'assurance chômage, sauf si la démission est considérée comme légitime (pour suivre un conjoint ou en cas de non-paiement des salaires)

2.2. Le départ conclu par les deux parties

Départ négocié	Conclusion d'un accord portant sur les conditions de départ, le préavis à effectuer, les congés	Pas d'indemnité particulière et pas d'accès aux allocations chômage.	
Transaction	Permet de régler un désaccord portant sur les conditions de la rupture du contrat ou sur un litige concernant l'exécution du contrat de travail (HS dues, par exemple)	Elle doit comporter des concessions réciproques, mais l'indemnité transactionnelle doit être supérieure à l'indemnité légale de licenciement (ILL)	
Rupture conventionnelle du CDI	Entretien entre les parties et conclusion d'un accord portant sur la date de la rupture, le montant de l'indemnité Remise d'un exemplaire à chacune des parties	Droit de rétractation pendant un délai de 15 jours après la signature de l'accord Homologation par la Direccte (Directions régionales des entreprises, de la concurrence, de la consommation, du travail et de l'emploi)	Indemnité spécifique de rupture telle que négociée sans pouvoir être inférieure à l'ILL Indemnités dues (congés payés, primes, etc.)

2.3. Le départ à l'initiative de l'employeur pour motif personnel

Licenciement pour motif personnel sans faute (non disciplinaire)	Lettre de convocation à un entretien préalable : date, heure, lieu, objet et assistance d'un tiers Cinq jours ouvrables de délai entre la lettre et l'entretien	Au cours de l'entretien, exposé des motifs et écoute des explications du salarié Lettre de licenciement par LRAR après un délai de 2 jours ouvrables et rappel des motifs	Respect d'un préavis, sauf dispense de l'employeur	Indemnité légale de licenciement (ILL) et autres indemnités dues (congés payés, primes, etc. L'ILL n'est pas due en cas de faute grave ou lourde
Licenciement pour motif personnel tenant à une faute du salarié (disciplinaire)		Même procédure mais la lettre ne doit pas être envoyée plus d'un mois après le jour de l'entretien		

2.4. Le licenciement à l'initiative de l'employeur pour motif économique

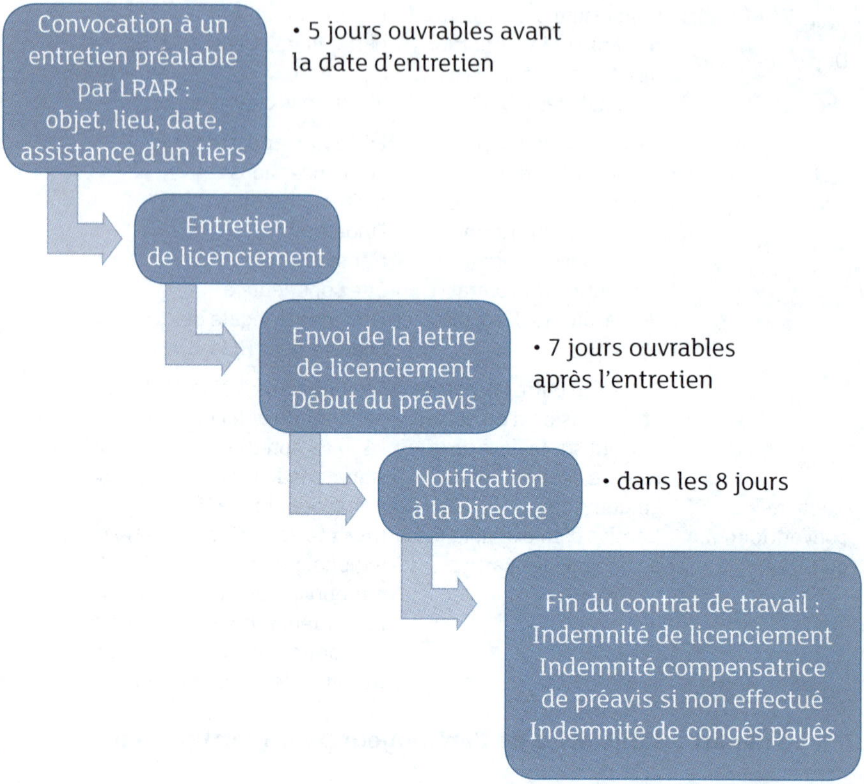

3 Les formalités administratives liées au départ du salarié

Chaque document à fournir est édité en au moins deux exemplaires, dont un doit être remis au salarié.

3.1. Le certificat de travail

Ce document obligatoire est remis au salarié à la fin de son contrat de travail. Il précise l'emploi occupé par le salarié, ainsi que la date d'entrée et de sortie. Il est signé par l'employeur et ne peut comporter aucune mention négative pour le salarié.

3.2. L'attestation Pôle Emploi

Afin que le salarié puisse faire valoir ses droits à l'assurance chômage, l'employeur fournit cette attestation, qui indique les caractéristiques du poste occupé, le motif de la rupture du contrat de travail, le montant des derniers salaires versés et le montant des indemnités. Un exemplaire de cette attestation est transmis par l'employeur à Pôle Emploi.

3.3. Le reçu pour solde de tout compte

Signé par l'employeur et par le salarié, il s'agit d'un document qui fait état des sommes versées au salarié lors de la rupture du contrat de travail. Le salarié peut contester son contenu dans un délai de 6 mois après signature. Passé ce délai, il ne peut plus réclamer aucune somme.

3.4. La mise à jour du registre du personnel

Les entreprises ont l'obligation de tenir un registre unique du personnel. Il doit être mis à jour en cas de départ d'un salarié.

3.5. La déclaration mensuelle des mouvements de main-d'œuvre

Cette déclaration est obligatoire dans les entreprises d'au moins 50 salariés. Elle fait état des arrivées et départs du personnel et doit être expédiée à l'Administration au plus tard le 8 du mois suivant, même en l'absence de mouvement.

3.6. Les indemnités de départ

On distingue deux grandes catégories :

– l'indemnité de fin de CDD (10 % de la rémunération brute perçue pendant la durée du contrat, augmentée d'une indemnité compensatrice de congés payés, également d'un montant de 10 %, si le salarié n'a pas pu prendre ses congés) ;

– l'indemnité de licenciement, qui est égale à 1/5 de mois de salaire par année d'ancienneté, augmentée de 2/15 de mois de salaire par année d'ancienneté au-delà de la 10e année, quel que soit le type de licenciement (économique ou pour motif personnel, hors faute grave ou lourde).

S'entraîner

Exercice 1 Suivre les procédures de départ d'un salarié

Nathalie Ravier, professeure de gymnastique dans l'entreprise Aquaforme, a donné sa démission pour suivre son époux muté dans une autre région. Nathalie Ravier a été embauchée le 1er février N-2 et quittera l'entreprise le 30 juin N. À cette date, la salariée aura effectué son délai de préavis d'une durée d'un mois, mais n'aura soldé qu'une partie de ses congés. Le responsable de l'entreprise vous demande de prendre en charge la gestion des différentes formalités de son départ.

Travail à faire

1. Concevez les documents à remettre à Nathalie Ravier lors de son départ.
2. Mme Ravier peut-elle prétendre à des allocations chômage ?

Corrigé p. 193

Document 1

Mémo du responsable d'Aquaforme

Vous préparerez le reçu pour solde de tout compte et le certificat de travail de Nathalie RAVIER.

Vous trouverez dans son dossier son contrat et un extrait de la convention collective nécessaires à vos calculs.

Voici les éléments complémentaires pour déterminer le montant à lui verser au 30 juin N :

- Nathalie Ravier n'a pas pu prendre l'ensemble de ses congés payés, donc une indemnité brute de 789,11 € lui est due.
- Les cotisations salariales représentent 21,7 % du salaire brut.

N'oubliez pas la prime d'ancienneté.

Document 2

Extrait du Code du travail

Article L. 1234-20 modifié par la loi n° 2008-596 du 25 juin 2008 – art. 4

Le solde de tout compte, établi par l'employeur et dont le salarié lui donne reçu, fait l'inventaire des sommes versées au salarié lors de la rupture du contrat de travail.

Le reçu pour solde de tout compte peut être dénoncé dans les 6 mois qui suivent sa signature, délai au-delà duquel il devient libératoire pour l'employeur pour les sommes qui y sont mentionnées.

www.legifrance.gouv.fr

Document 3

Extrait de la convention collective du sport

Article 9.2 – Rémunération

9.2.1 - Salaires minimums conventionnels (SMC)

La rémunération individuelle est librement fixée par l'employeur au regard des exigences du poste considéré (degré d'autonomie, de responsabilité et de technicité requis) et des compétences du salarié (formation professionnelle, expérience acquise…). L'horaire pris en compte pour la détermination des minima est l'horaire correspondant à la durée légale, ne tenant pas compte des heures supplémentaires.

Le SMC est fixé à :
- 1 355,84 € au 1er janvier N-2 ;
- 1 386,35 € au 1er janvier N-1 ;
- 1 395,36 € au 1er janvier N.

Pas de revalorisation depuis cette date.

Pour les groupes 1 à 6, le salaire mensuel brut ne peut pas être inférieur aux salaires définis par le tableau ci-dessous.

GROUPE	NIVEAU	MAJORATION
Groupe 1	Employé	SMC majoré de 5,21 %
Groupe 2	Employé	SMC majoré de 8,21 %
Groupe 3	Technicien	SMC majoré de 17,57 %
Groupe 4	Technicien	SMC majoré de 24,75 %
Groupe 5	Technicien	SMC majoré de 39,72 %
Groupe 6	Cadre	SMC majoré de 74,31 %

9.2.3 - Prime d'ancienneté

La prime d'ancienneté doit figurer sur une ligne séparée du bulletin de paie. Elle est versée mensuellement au prorata du temps de travail effectif et est soumise à cotisations. Chaque employeur met en place un dispositif d'ancienneté dans le respect des dispositions suivantes pour les salariés des groupes 1 à 6.

9.2.3.1 - Ancienneté d'entreprise

1. Une prime égale à 1 % du SMC du groupe 3 est accordée à tous les salariés justifiant de 24 mois de travail effectif. De plus, une prime exceptionnelle d'ancienneté égale à 5 % du SMC du groupe 3 sera versée aux salariés du groupe 1 au bout de 3 ans d'ancienneté dans l'entreprise.

2. Tant que le taux total de la prime d'ancienneté n'est pas égal à 15 %, le taux de cette prime est augmenté de 1 % après chaque nouvelle période de 24 mois de travail effectif.

Document 4

Contrat de travail de Nathalie Ravier

Club Aquaforme

Aquagym-Fitness Coaching

SARL Aquaforme et Beauté
Au capital de 7 922,45 €
Siret 387 555 220 00012
TVA FR 04 387 555 220
36, rue de la Gare 79000 NIORT
Tél. 05 49 28 09 27

Mme Nathalie RAVIER
1, rue de Solférino
79000 NIORT

Niort, le 20 janvier N-2

CONTRAT DE TRAVAIL À DURÉE INDÉTERMINÉE

Le Club Aquaforme et Beauté, représenté par Renaud WENCK, engage Nathalie RAVIER à durée indéterminée à compter du 1er février N-2, à temps complet (35 heures hebdomadaires), au poste de professeur de sport.
Vos différentes tâches consistent à conseiller les adhérents sur les appareils, à donner des cours collectifs de gym et d'aquagym, à tenir l'accueil du Club.
Vous dépendez de la convention collective du sport (3328) et à ce titre votre qualification se situe dans le groupe 4. Votre salaire est fixé au salaire minimum conventionnel (SMC) de ce groupe, soit actuellement 1 691,41 €.
Une prime d'ancienneté vous sera versée selon les conditions prévues dans la convention collective du sport affichée dans l'entreprise.
Vous pourrez être amenée à effectuer des heures supplémentaires pour les besoins du service.

Fait à Niort, le 20 janvier N-2.

La salariée :
N. RAVIER

Le gérant :
R. WENCK

S'entraîner

Exercice 2 Calculer une indemnité de départ

L'entreprise Wonderland, qui relève de la convention collective de la parfumerie connaît quelques difficultés économiques. La responsable du personnel sait qu'Alice qui travaille dans l'entreprise depuis 6 ans mais est passée à temps partiel en octobre souhaite changer de secteur d'activité. Elle a proposé début novembre à Alice une rupture conventionnelle qui prendrait effet à la fin décembre, après le délai de préavis, avec une indemnité de rupture d'un montant 1 614,50 €. Alice pense que l'indemnité proposée est inférieure à ce à quoi elle peut prétendre.

Travail à faire

Calculez l'indemnité de rupture conventionnelle minimale à laquelle a droit Alice.

Corrigé p. 194

Document 1

Les éléments du salaire d'Alice

Alice est au coefficient 230 de la convention collective de la parfumerie. Son salaire depuis le mois de janvier N s'élève à 1 650 €, auxquels s'ajoute une prime d'ancienneté de 69,00 € au prorata du temps de travail effectif.
À partir du mois d'octobre de l'année N, elle travaille à temps partiel, soit 24 heures par semaine pour un salaire de 1 131,43 €.
En décembre, Alice a un reliquat de congés payés non pris pour un montant de 350 € et doit toucher une prime de Noël de 150 €.

Document 2

Modes de calcul de l'indemnité légale de la rupture conventionnelle

L'indemnité spécifique de rupture conventionnelle, versée au salarié, doit être au moins égale à l'indemnité légale de licenciement.
Pour calculer ce plancher minimal, l'employeur doit tenir compte de la moyenne la plus favorable des 3 ou 12 derniers salaires bruts mensuels, y compris les primes, indemnités et congés payés dus.

19 Mettre en œuvre une démarche de résolution de problèmes

Un problème se matérialise souvent dans la PME sous la forme d'un dysfonctionnement qui est analysé selon son importance, sa gravité, sa fréquence ou sa nature. Il est simple ou complexe et, selon l'urgence de la situation, doit parfois être traité de façon prioritaire. La contrainte de temps est alors importante, rendant plus délicate la recherche d'une solution optimale.

1 La démarche

La résolution de problème s'inscrit dans une démarche de qualité en vue d'améliorer les performances de la PME. Les étapes sont les suivantes :
– identification du problème ;
– analyse du problème ;
– recherche des solutions possibles ;
– choix et planification de la solution optimale ;
– mise en œuvre de la solution ;
– évaluation et contrôle des résultats.

2 Les outils d'identification des causes d'un dysfonctionnement

2.1 Les questions clés

La méthode des questions clés QQOQCPC permet de cerner le problème :

Qui	Qui est concerné ?
Quoi	Quel est l'objectif ? De quoi s'agit-il ?
Où	Quel est le lieu ? le service ?
Quand	Quelle est la période ? la durée ? Quel est le délai, etc.
Comment	Comment se déroule la situation ? Quelles sont les procédures ? etc.
Pourquoi	Quelle est l'origine du problème ?
Combien	Combien coûte le problème ? Combien de personnes sont concernées ? etc.

2.2 Le *brainstorming*

Le remue-méninges ou *brainstorming* est une méthode de recherche des causes du problème qui se caractérise par un travail de groupe idéalement

composé d'une dizaine de participants. Son déroulement s'effectue en deux étapes :
– **la phase de recherche** : les participants exposent un maximum d'idées ;
– **la phase de regroupement et de combinaison des idées** : les idées sont étudiées, traitées et améliorées ;

2.3 Le schéma heuristique ou arbre des causes

Cette méthode s'appuie sur la pensée associative : un mot/une idée en entraîne un(e) autre et ainsi de suite. L'objectif de cette méthode est multiple : elle permet de maximiser le potentiel des idées, de stimuler la pensée, de consigner les idées, de les synthétiser et de les structurer.

Exemple →

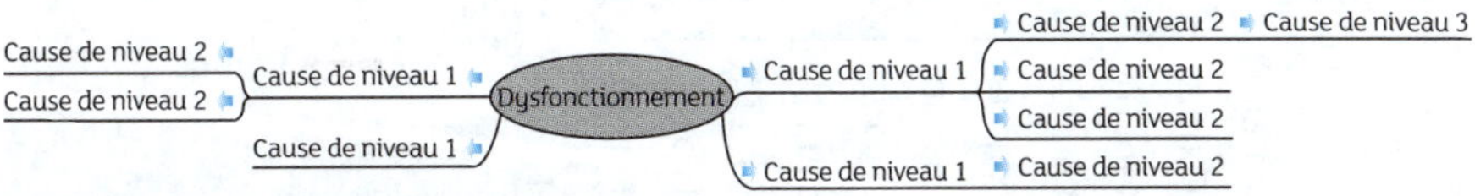

2.4 Le diagramme causes-effets ou diagramme d'Ishikawa

Ce diagramme permet de mettre en évidence de façon méthodique les causes qui sont à l'origine d'un dysfonctionnement en les classant en 5 familles, les 5 M (Main-d'œuvre, Matière, Méthode, Matériel, Milieu), afin d'étudier tous les aspects du problème. On peut aussi réaliser un diagramme à 7 branches (7 M) en ajoutant les familles Management et Moyens financiers.

Exemple →

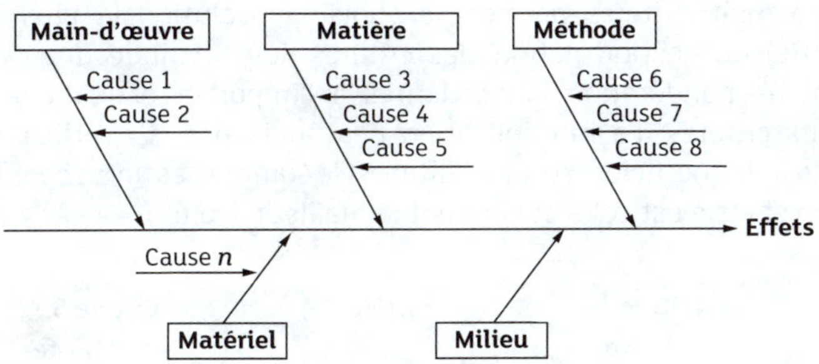

2.5 Le graphique de Pareto

Ce graphique permet de classer les causes par ordre d'importance. De nombreux phénomènes observés obéissent à la loi des 20/80 : 20 % des causes produisent 80 % des effets, et inversement. Les 20 % de causes qui produisent 80 % des effets doivent être résolues en priorité.

Exemple → Graphique de Pareto sur les causes d'erreurs de facturation

On observe que les erreurs concernant les prix unitaires, les quantités et les montants HT représentent 80 % des anomalies de facturation.

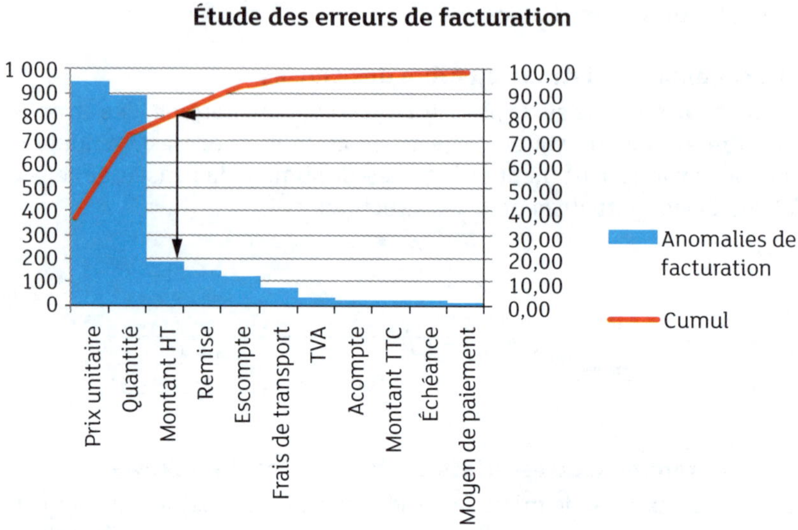

3 Les outils d'analyse et de recherche de solutions

3.1 La matrice multi-critères

La matrice multi-critères permet de choisir la solution la plus favorable. L'assistant(e) de gestion définit des critères, leur attribue une note et un coefficient de pondération proportionnel à l'importance qu'il/elle souhaite donner aux critères. La multiplication des notes par le coefficient permet d'obtenir la note coefficientée. Le résultat est la somme des notes coefficientées. La solution choisie est celle qui obtient le meilleur score.

Exemple →

	Critère 1		Critère 2		Critère 3		Total
	Note	Note coefficientée	Note	Note coefficientée	Note	Note coefficientée	
Solution A							
Solution B							
Solution C							

3.2 Le tableau avantages-inconvénients

L'assistant(e) de gestion compare les points positifs et négatifs de chaque solution.

3.3 La matrice MOFF

Il s'agit d'un outil d'aide à la décision qui permet à l'assistant(e) de gestion d'envisager, pour une solution donnée, les forces et faiblesses ainsi que les opportunités et menaces procurées à la PME.

Exemple →

Internes	Forces	Faiblesses
Externes	Opportunités	Menaces

4 Les outils d'évaluation et de contrôle

4.1 Le tableau de bord

Le tableau de bord est un outil de pilotage des performances administratives. Il permet de comparer les résultats obtenus par rapport à un objectif fixé et d'en mesurer les écarts à partir d'indicateurs de performance. Les indicateurs choisis sont qualitatifs ou quantitatifs, ils sont simples, adaptés à la situation, opérationnels et cohérents. Il existe deux types d'indicateurs :
– les indicateurs d'activité, par exemple le nombre de ventes par catégorie de produits ;
– les indicateurs de productivité, par exemple le nombre de commandes sur la période, le chiffre d'affaires réalisé par vendeur, etc.

Exemple →

Période	Indicateur de performance	Prévision	Réalisation	Écart

4.2 Les autres outils

L'assistant(e) de gestion peut utiliser tout type d'outils nécessaires au contrôle des solutions mises en œuvre, par exemple :
– les plannings ;
– les listes de contrôle ;
– le calcul des coûts administratifs engendrés ;
– les rapports, etc.

S'entraîner

Exercice 1 Le graphique de Pareto

La société AP Textiles est spécialisée dans la confection de vêtements depuis 1960. Le chef d'entreprise, M. Rouvière, est soucieux car le nombre de retours de marchandises non conformes à la demande est très important. Vous avez recensé les causes des retours sur les douze derniers mois (document), et vous décidez de les analyser.

Travail à faire

Analysez les principales causes d'anomalies sur les vêtements en vous appuyant sur un graphique de Pareto.

Corrigé p. 195

Document

Causes des retours	Nombre
Couleurs non conformes	1 276
Erreurs de modèle	62
Erreurs de taille	860
Malfaçons/défauts	252
Montage de mauvaise qualité	286
Qualité des tissus insuffisante	314
Qualité des accessoires insuffisante	1 250

Exercice 2 Le diagramme d'Ishikawa

La SARL Boulangerie du Sud est une PME qui emploie 10 personnes et qui est située à Orange. Elle propose à ses clients plusieurs qualités de pains et de pâtisseries de fabrication artisanale. Cette grande boulangerie réputée dans la ville connaît actuellement des problèmes de cuisson très irrégulière du pain liés à l'achat d'un nouveau four à pain pourtant très performant.

Votre chef d'entreprise, M. Olivero, vous demande d'étudier les causes de ces dysfonctionnements. Vous avez effectué des observations résumées dans le document.

Travail à faire

Analysez les causes de dysfonctionnements du four à pain, à partir d'un diagramme d'Ishikawa (5 M).

Corrigé p. 196

Document

Observation des dysfonctionnements

Le four à pain de 4 × 2 m est placé au fond du fournil. Imposant, il prend beaucoup de place, ce qui réduit l'espace de travail. Les salariés ne sont pas satisfaits. L'ambiance de travail se dégrade.
Le nettoyage du four est long et complexe. Le personnel est peu motivé pour réaliser cette tâche chaque jour. Les produits de nettoyage sont spécifiques, ils doivent être commandés régulièrement, ce qui est une perte de temps. Lorsque le four est encrassé, par sécurité, il s'arrête automatiquement de fonctionner.
Le four à pain est entièrement automatisé et une télécommande permet de le programmer à distance. Certains employés ne savent pas utiliser la télécommande. Les fonctionnalités sont nombreuses et le mode d'emploi est difficile à comprendre. Les employés n'ont pas le temps de le consulter. La cuisson du pain n'est pas optimale et la qualité des produits s'en ressent.

Exercice 3 Le tableau de bord

La société Pharmaco est une PME pharmaceutique innovante. Afin de renforcer la sécurité des locaux, le chef d'entreprise a souhaité mettre en place un système de badge pour le personnel. Vous êtes assistant(e) de gestion et votre chef d'entreprise vous demande de préparer l'ébauche du tableau de bord qui permettra de contrôler la bonne utilisation des badges chaque fin de mois. Il met à votre disposition ses premières observations (document).

Travail à faire

Présentez l'ébauche de votre tableau de bord.

Corrigé p. 197

Document

Chaque salarié possède un badge qu'il doit utiliser en entrant et en sortant de la PME. Le lecteur est situé à l'entrée des locaux.
Aux heures de pointe (8 heures et 14 heures), il arrive que certaines personnes ne badgent pas ou que des personnes non autorisées entrent dans l'entreprise à la recherche de leur interlocuteur. Lorsque le lecteur de badge ne fonctionne pas, une société spécialisée est chargée d'assurer la maintenance.

20 Améliorer l'organisation du travail administratif

Mémoris

L'assistant(e) de gestion analyse les tâches et les activités de chaque collaborateur au sein de la PME afin d'optimiser leur répartition.

1 Améliorer la répartition des tâches

1.1 L'analyse des activités

L'analyse des activités consiste à préciser quel collaborateur effectue telle tâche, et pendant quelle durée, afin d'évaluer la charge de travail des collaborateurs.

a) Le document d'autopointage

Il s'agit d'un imprimé qui permet d'évaluer le temps nécessaire à l'élaboration des différentes tâches. Ce document est complété par chaque salarié sur son poste de travail.

Exemple →

Service : Poste : Prénom : Nom :		*Document d'autopointage*	Date ou Période :		
Heure de début de tâche	Heure de fin de tâche	Description de la tâche effectuée	Documents		Nombre
			Émetteur	Destinataire	

b) Le document d'analyse des tâches

Ce document plus succinct recense les temps globaux par tâches ou activités ; il émane généralement d'entretiens ou d'observations.

EXEMPLE →

Service : Poste : Prénom : Nom :	*Document d'analyse d'activités*	Date ou Période :	
N° des tâches	Liste des tâches effectuées	Temps en heures (sur la période)	Observations

c) Évaluation de la charge de travail

L'assistant(e) de gestion agrège l'analyse des tâches journalières ou périodiques dans un document récapitulatif par poste afin de calculer la charge de travail totale. Le poste est considéré comme saturé lorsque le taux d'engagement atteint 95 %. Des mesures devront alors être prises.

Charge estimée	Temps total des tâches effectuées par poste.
Taux d'aléas	Coefficient (généralement entre 10 et 15 % du temps total) correspondant aux temps de pause, d'attente, etc.
Charge nette	Charge estimée × Taux d'aléas
Temps de travail réel	Nombre d'heures de travail prévu au contrat Exemple : 35 heures.
Taux d'engagement	(Charge nette/Temps de travail réel) × 100

1.2 Le tableau de répartition des tâches (TRT)

C'est un outil qui permet de représenter l'ensemble des tâches effectuées par le personnel d'un service ou d'un processus à partir des fiches d'autopointage et/ou d'analyse des tâches. Le TRT est un tableau à double entrée dans lequel sont représentés en têtes de colonnes les collaborateurs et en têtes de lignes les diverses tâches. Il permet de visualiser la répartition des tâches par salarié, ainsi que la charge de travail par tâche et par salarié. L'analyse des taux d'engagement permet de procéder à des ajustements de répartition de tâches entre les salariés afin d'optimiser l'organisation des postes de travail. Dans ce cas, il est nécessaire de construire un nouveau TRT en intégrant la nouvelle répartition des tâches.

EXEMPLE →

Activités réalisées	Tâches	Temps de travail en heures			Total (heures)
		Collaborateur 1	Collaborateur 2	Collaborateur n	
Relation avec les clients	Réception des appels	4	2	0	6
	Prospection	0	8	0	8
	Réalisation des devis	1	10	4	15
	...				
	Sous-total	5	20	4	29
Facturation	...				
	Sous-total				
...	...				
Charge estimée (total)					
Coefficient d'aléas					
Charge nette					
Taux d'engagement					

2 La représentation des processus

2.1 Le principe

L'assistant(e) de gestion représente la circulation des informations dans l'entreprise sous la forme d'un processus schématisé afin de procéder à une analyse des dysfonctionnements et apporter les améliorations nécessaires.
La représentation d'un processus dont l'objectif est clairement défini, décrit schématiquement un enchaînement d'opérations, les transferts d'informations et/ou de documents (exemple : le processus de facturation).

2.2 La formalisation des processus

La représentation se fait généralement sous la forme d'un schéma poste-documents ou d'un diagramme imagé. Elle permet de détecter le rôle de chaque personne et de chaque service dans le processus, ainsi que les allers et retours des documents. L'objectif est de détecter les sources d'erreurs et d'apporter les améliorations nécessaires.

Exemple → Schéma poste-documents concernant le suivi des relevés de frais

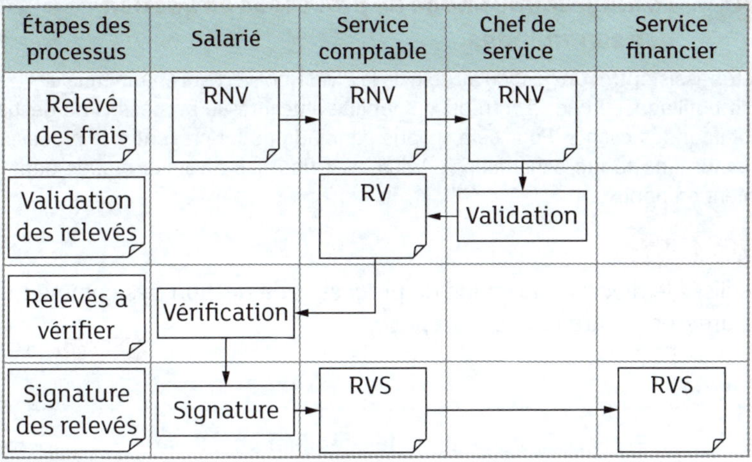

RNV = relevés de frais non validés.
RV = relevés de frais validés.
RVS = relevés de frais validés et signés.

Exemple → Diagramme imagé concernant l'octroi d'un congé de formation

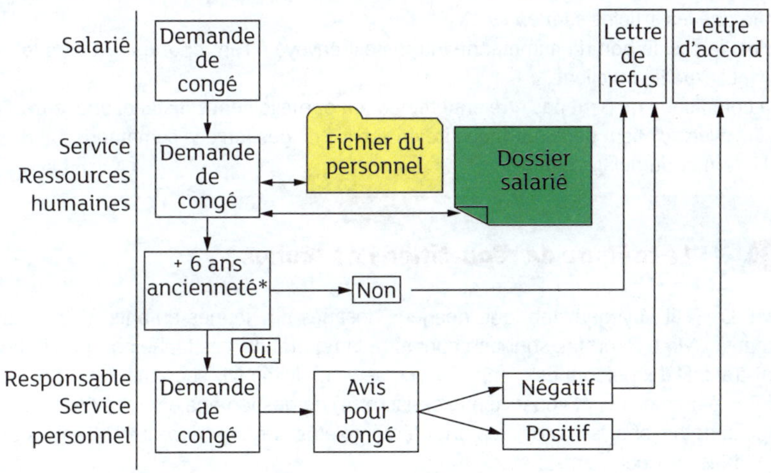

* Cas spécifique pour ce salarié.

S'entraîner

Exercice 1 Le diagramme imagé du processus de gestion des commandes

Vous êtes assistant(e) de gestion au sein de la PME Rocavert qui commercialise du petit outillage. Le chef d'entreprise souhaite améliorer le processus de gestion des commandes clients. Pour cela, il vous demande de lui présenter le processus actuel sous une forme schématisée. Vous avez noté les diverses étapes dans le document en annexe.

Travail à faire

Réalisez le diagramme imagé du processus de gestion des commandes à adresser à votre chef d'entreprise.

Corrigé p. 197

Document

Processus de gestion des commandes clients

Le client adresse à la société un bon de commande. Celui-ci est réceptionné par la secrétaire, qui le transmet au service commercial.

Le service commercial vérifie que le dossier client ne comporte pas d'antécédent commercial (impayé ou retard de paiement). Si c'est le cas, une lettre de refus est expédiée au client.

Si la consultation du dossier client ne comporte aucun antécédent commercial, un bon de commande interne est adressé au service gestion des commandes, qui vérifie que les articles sont en stock.

Si c'est le cas, le bon de commande interne est envoyé à l'entrepôt qui prépare le colis et l'expédie au client.

Si la commande ne peut pas être entièrement ou partiellement satisfaite, une lettre est envoyée au client par l'intermédiaire du service de gestion des commandes afin de l'informer du délai d'attente.

Exercice 2 Le tableau de répartition des tâches

La PME Le Petit Voyageur fabrique des jeux destinés aux jeunes enfants. Votre chef d'entreprise, Mme Rebuffat, souhaite connaître la répartition des tâches du personnel administratif. Deux personnes composent ce service : Mme M., secrétaire qui travaille 35 heures par semaine, et vous-même, assistant(e) de gestion également à 35 heures. Les documents d'analyse d'activités ont été complétés sur la période test du mois de mars N dans les documents 1 et 2.

Travail à faire

1. Réalisez le tableau de répartition des tâches du personnel administratif.
2. Que constatez-vous ?

Corrigé p. 198

Document 1

Analyse d'activité de Mme M.

Service : Administratif **Poste : Secrétariat** **Nom : Mme M.**	***Document d'analyse d'activités***	**Mois de mars N**
Activités	Liste des tâches effectuées	Temps en heures
Gestion administrative	Ouverture du courrier	3
	Rédaction de courriers et rapports	4
	Photocopies	2
	Préparation de réunions	3
	Organisation de déplacements	2
Gestion commerciale	Prospection	1
	Organisation d'événements	4
	Suivi clientèle	6
	Devis	4
	Suivi des commandes	5
Gestion comptable	Facturation	
	Déclaration de TVA	
	Suivi des comptes clients et fournisseurs	
	Enregistrements comptables	
	État de rapprochement	

Document 2

Analyse d'activité de l'assistant(e) de gestion

Service : Administratif **Poste : AG** **Nom : X**	***Document d'analyse d'activités***	**Mois de mars N**
Activités	Liste des tâches effectuées	Temps en heures
Gestion administrative	Ouverture du courrier	
	Rédaction de courriers et rapports	4
	Photocopies	2
	Préparation de réunions	2
	Organisation de déplacements	
Gestion commerciale	Prospection	8
	Organisation d'événements	4
	Suivi clientèle	
	Devis	
	Suivi des commandes	
Gestion comptable	Facturation	7
	Déclaration de TVA	2
	Suivi des comptes clients et fournisseurs	4
	Enregistrements comptables	4
	État de rapprochement	1

21 Gérer l'emploi du temps

Plus on dispose de temps pour réaliser un travail, plus ce travail prend du temps. Pour être efficacement utilisé, le temps doit être consacré à des tâches prioritaires entrant dans le champ des objectifs que l'on se fixe.

1 Comprendre le temps

1.1 La notion de temps

Le temps est une notion qui peut couvrir :
– des moments, comme la date d'un rendez-vous ;
– une durée ou un délai entre le début et la fin de la réalisation d'un travail, comme une réunion ;
– des ordres ou priorités, qui déterminent des contraintes dans l'enchaînement des opérations, comme la chronologie de réalisation d'un contrat commercial (établissement du contrat, adaptation particulière, relecture, signature par les parties).

1.2 La classification des tâches

Il faut distinguer plusieurs notions :

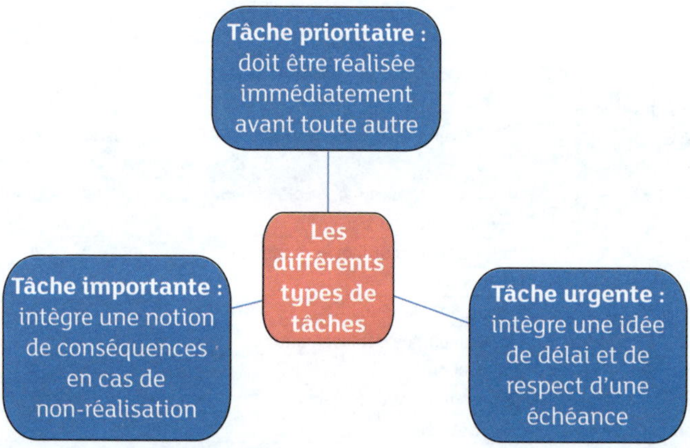

1.3 Les contraintes liées au temps

a) Les événements imprévus

Il faut toujours garder à l'esprit qu'une journée de travail ne peut jamais être totalement planifiée à l'avance, en raison d'événements imprévus. Il est souhaitable de consacrer entre 10 et 20 % du temps pour gérer ce type d'événement et de réajuster régulièrement le planning initial.

b) L'organisation du temps de travail

Un travail ne peut être efficacement réalisé que si l'on peut s'y consacrer avec sérénité. Savoir s'organiser, anticiper et déterminer des priorités sont les clés permettant de rester serein face aux imprévus et interruptions diverses.

2 Déterminer des priorités

2.1 La définition précise des priorités

L'une des plus grandes difficultés rencontrées dans l'organisation du travail journalier est le fait d'affecter un ordre de priorité à l'ensemble des tâches que l'on doit effectuer. Cela peut se faire en quatre étapes :

- **identifier** les tâches en les numérotant ;
- **affecter** à chaque tâche ainsi définie une durée prévue qui sera par la suite comparée avec la durée réelle afin de chiffrer l'écart ;
- **ordonner** les tâches, c'est-à-dire les répartir dans le temps ;
- **prévoir** comment faire face à l'imprévu (absence, panne, urgence...).

2.2 La méthode NERAC

Pour éviter de perdre du temps, il faut réfléchir avant d'agir. La méthode la plus classique pour planifier ses activités et déterminer le degré de priorité de chaque tâche est la méthode NERAC :

Noter	• Noter les tâches à accomplir, les objectifs à atteindre, les activités à réaliser
Estimer	• Estimer la durée de chaque tâche
Réserver	• Réserver entre 20 et 40 % du temps pour faire face aux imprévus
Arbitrer	• Arbitrer en décidant de l'ordre de priorité des tâches en fonction de leur importance et de leur urgence (voir principe d'Eisenhower ci-dessous)
Contrôler	• Contrôler la réalisation effective des tâches • Comparer la durée prévue à la durée réelle et analyser les écarts

2.3 Le principe d'Eisenhower

Le principe d'Eisenhower consiste à répartir les tâches selon leur urgence et leur importance dans une matrice qui les hiérarchisera comme suit :

	Urgent	Peu urgent
Important	A Tâches à réaliser soi-même et en priorité.	B Tâches qui peuvent attendre et/ou être déléguées.
Peu important	C Tâches qu'il faut planifier rapidement mais qui peuvent être déléguées.	D Tâches qui peuvent être différées ou même ignorées...

3 Les outils de gestion du temps

3.1 Le suivi et le contrôle des résultats

La réalisation des tâches doit être suivie et contrôlée. Une fois achevée, elle doit aussi être évaluée.

En déterminant le temps moyen d'exécution pour une tâche, il est possible de fixer des normes et d'organiser son temps de travail.

3.2 Les agendas

L'agenda électronique (ou éventuellement sur support papier) représente l'outil de planification le plus courant pour l'organisation du travail, car il peut être à usage individuel ou partagé. Cet outil offre des fonctionnalités très utiles :

– visualisation du planning quotidien, hebdomadaire, mensuel ou annuel ;

– visualisation simultanée de plusieurs agendas si on en possède plusieurs ou si on a accès à des agendas partagés avec d'autres collaborateurs ;

– création, modification, suppression et partage d'agendas avec la définition des droits d'accès pour les personnes autorisées à visualiser le détail des plannings.

Exemple → Extrait d'agenda :

<table>
<tr><th>Heures</th><th>Lundi 1</th><th>Mardi 2</th><th>Mercredi 3</th><th>Jeudi 4</th><th>Vendredi 5</th></tr>
<tr><td>8h00</td><td rowspan="3">Réunion avec les commerciaux</td><td rowspan="5">Déplacement à Marseille</td><td rowspan="5">Déplacement à Marseille</td><td rowspan="2">Conseil général</td><td rowspan="4">Réunion Bilan semaine commerciaux</td></tr>
<tr><td>8h30</td></tr>
<tr><td>9h00</td><td rowspan="3">Mairie</td></tr>
<tr><td>9h30</td><td>M. Paul</td></tr>
<tr><td>10h00</td><td>Mme Rosier</td><td>M. Louvois</td></tr>
</table>

Certains de ces outils sont disponibles sur Internet et permettent non seulement de visualiser un ou plusieurs plannings, mais de créer des sondages afin de choisir la date d'un événement de manière consensuelle (Doodle).

S'entraîner

Exercice 1 La gestion du temps de travail sur une semaine

Vous travaillez en qualité d'assistant(e) de gestion pour la société Perline, qui fabrique des produits de soins pour la peau. Vous devez planifier votre travail pour la semaine du 10 au 14 septembre. Vous disposez pour cela des documents 1 à 4.

Travail à faire

1. Remplissez la matrice des priorités (document 2).
2. Établissez le tableau prévisionnel des tâches en suivant le modèle indiqué dans le document 3.

Corrigé p. 199

Document 1

Organisation de la planification du travail

Vous devez effectuer 7 heures par jour pendant 5 jours, soit 35 heures par semaine. Vos horaires peuvent varier au cours de la journée, mais vous devez impérativement être présent(e) tous les jours à 9 heures. Sur vos 7 heures de travail quotidien, vous réservez environ 2 heures pour les tâches diverses et imprévues (accueil d'un prospect, réponses aux questions du personnel...). Les tâches prévisibles font l'objet d'une évaluation approximative et sont réparties dans la matrice des priorités comme indiqué dans le document 2.

Document 2 Matrice des priorités pour la semaine du 10 au 14/09/N

Urgence de la tâche / Importance de la tâche	Tâche urgente	Tâche non urgente
Tâche importante	1	2
Tâche peu importante	3	4

Document 3 Exemple de tableau prévisionnel des tâches

Emploi du temps semaine du 10 au 14 septembre						
Nom	Tâches	Durée prévue	Durée réelle	Écart	Niveau de priorité	Exécution
	Lundi 10 sept.					
	Sous-total heures lundi					

Document 4

Tâches prévisibles pour la semaine du 10 au 14 /09/N

Tâche	Nature des tâches	Temps estimé
A	Joindre M. Delcos, commercial, pour l'essai d'un nouveau modèle de véhicule fin novembre.	15 min
B	Réception de l'inspecteur du travail le 12 septembre.	2 h
C	Joindre le traiteur en vue de l'organisation du pot de départ d'un salarié à la retraite (prévu mi-octobre).	20 min
D	Acheter un ordinateur portable pour le directeur commercial.	2 h
E	Réceptionner les candidats au poste d'agent d'entretien des locaux (poste à pourvoir le 1er décembre).	3 h
F	Faire des recherches sur Internet suite à la modification des modalités juridiques des brevets à compter du 1er janvier prochain.	2 h
G	Organiser la convocation d'un salarié à un entretien préalable à licenciement.	45 min
H	Aller chez l'avocat pour suivre le litige en cours avec la société Mercatil (jugement prévu 1er semestre de l'année suivante).	3 h
I	Aller à la banque pour négocier l'obtention d'un prêt de 100 000 € pour le financement d'un nouveau matériel.	2 h 30
J	Remplacer l'assistante d'accueil la matinée du 11 septembre.	4 h
K	Réceptionner un important client le 13 septembre en vue de la préparation d'un contrat commercial.	3 h
L	Préparer un diaporama de présentation de la société pour la Foire de Paris, qui se déroulera en décembre.	2 h
M	Prendre des nouvelles de M. Dallon, salarié hospitalisé.	10 min
	Temps total prévu	**25 h**

Exercice 2 *La tenue d'un agenda*

Mme Laffleur, gérante d'un magasin de fleurs en Alsace, est invitée au salon NETZDAY qui a lieu au Parc floral de Vincennes (proche de Paris) puis aux Pays-Bas où une visite des serres de la maison organisatrice est prévue. Elle vous transmet ses instructions (document 1) et le programme établi par Netz (document 2). Vous lui indiquez vos choix en matière d'hôtel et de moyen de transport (document 3).

Travail à faire

Établissez le planning du déplacement sur l'agenda de Mme Laffleur (document 4 à reproduire).

Corrigé p. 200

Document 1 Message vocal de Mme Laffleur à l'attention de l'assistant(e)

Je vais profiter de mon déplacement le 9 à Paris pour me rendre aux Pays-Bas visiter l'entreprise Netz ainsi qu'ils nous le proposent. Je souhaite être à l'entrée du Parc floral de Vincennes dès l'ouverture et j'y passerai la journée. Les serres du Jardin des Plantes ont été rénovées, j'en profiterai pour les visiter avant mon départ pour les Pays-Bas, comptez 4 heures pour cela. Concernant l'hébergement à Paris, veillez à ne pas dépasser 200 € (nuitée et petit déjeuner). Je prendrai le métro dans Paris et le train pour aller à Rotterdam ou Amsterdam, sauf si vous trouvez un vol direct au retour sur Strasbourg. Tenez-moi au courant.

Document 2

Programme découverte de l'entreprise Netz à Naaldwijk

Le mardi 10/09/N :
Dîner d'accueil à 19 h 30 au restaurant « De Rood Tulp »
Hébergement une nuitée à l'hôtel « An den Haag »
Le mercredi 11/09/N :
9 h 00 Visite des installations de production et des serres
11 h 00 Rencontre avec M. Debruynck, directeur de production (1 h). Nous assurons votre aller-retour depuis Rotterdam (40 min) ou Amsterdam (60 min)

Document 3 Mémo de l'assistant(e) à Mme Laffleur

Bonjour,
Je vous ai réservé une place le lundi 9/09/N dans le TGV Strasbourg-Paris à 6 h 45, arrivée à 9 h 04. Le trajet Gare de l'Est-Château de Vincennes en métro dure environ 40 min. Le salon Netzday ouvre à 10 h. Fermeture à 17 h.
Le soir, je vous ai réservé un petit hôtel (Timhôtel, 7, rue Linné) à 30 min de métro environ (station Jussieu). Le mardi, votre train Paris-Rotterdam est à 15 h 25, arrivée à 18 h 01. Compter 30 min de métro depuis le Jardin des Plantes (métro Jussieu). Retour en avion par un vol Amsterdam-Strasbourg, départ 15 h 20, arrivée à 16 h 30.

Document 4 Extrait de l'agenda de Mme Laffleur

	Dimanche 8/09	Lundi 9/09	Mardi 10/09	Mercredi 11/09
6 heures				
7 heures				
8 heures				
9 heures	Randonnée			
	Club Vosgien			
18 heures	9:00-18:00			Réunion Fédération 18:30
19 heures	Repas du club Restaurant d'Alsace			

22 Planifier des prestations

Plusieurs outils permettent de décrire et de visualiser les liens de dépendance et les phases successives d'un projet ou d'une prestation afin d'en déterminer la durée totale.

1 Le planning

À partir d'une simple liste de contrôle des tâches avec estimation de leur durée respective, on établit une représentation schématique de l'enchaînement des tâches.

Exemple → Liste de contrôle des tâches à accomplir pour implanter un réseau informatique local

Phase ou tâche	Nature de chaque tâche	Durée prévue en semaines
A	Préparation du système de câblage	3
B	Installation du serveur et des stations de travail	2
C	Installation des équipements de connexion	1
D	Installation des logiciels d'exploitation du réseau	1
E	Installation des applications à exploiter sur réseau	2
F	Installation du dispositif d'administration du réseau	1

Le planning correspondant :

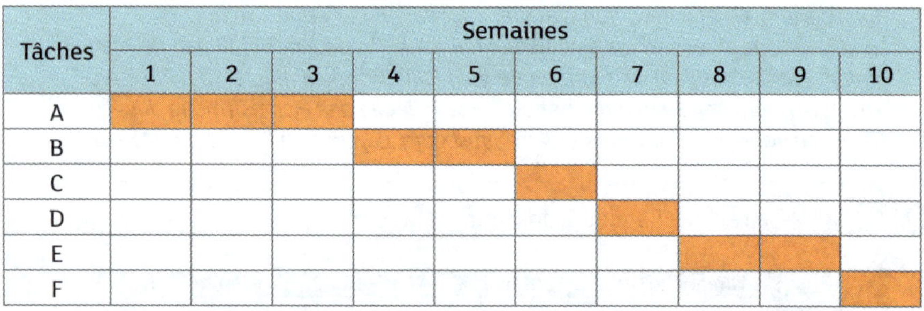

2 Le PERT

Le PERT (*Program Evaluation and Review Technic*) consiste à « mettre en œuvre sous forme de réseau plusieurs tâches qui, grâce à leur dépendance et à leur chronologie, concourent toutes à l'obtention d'un produit fini ». Le réseau ainsi construit rend visibles les dépendances entre les tâches et permet de déterminer le chemin critique du projet.

2.1 Les techniques de représentation

La technique PERT doit atteindre un double objectif : recenser les tâches et estimer leur durée ; définir l'ordre séquentiel et la priorité d'exécution des tâches à l'aide d'un graphique. Les tâches sont représentées par des flèches et sont désignées par une lettre suivie de leur durée indiquée entre parenthèses :

Exemple ➜

Soit la définition des tâches suivantes pour un projet de construction :

Tâches	Tâches précédentes à exécuter obligatoirement	Durée en jours
A	F, G	6
B	–	6
C	B	8
D	–	9
E	B, C	10
F	–	4
G	F	10
H	A, B, C, D, E, F, G	9
I	B, C, D, J, K, L	7
J	B, C	9
K	B, D, L	3
L	B	4

Comment lire ce tableau ? Les tâches B, D et F sont des tâches de départ car il n'existe aucune tâche antérieure à exécuter avant elles. Avant la tâche A, il faut réaliser les tâches F et G. Avant la tâche G, il faut réaliser la tâche F (tâche de départ), et ainsi de suite. Le graphique PERT se présente de la façon suivante :

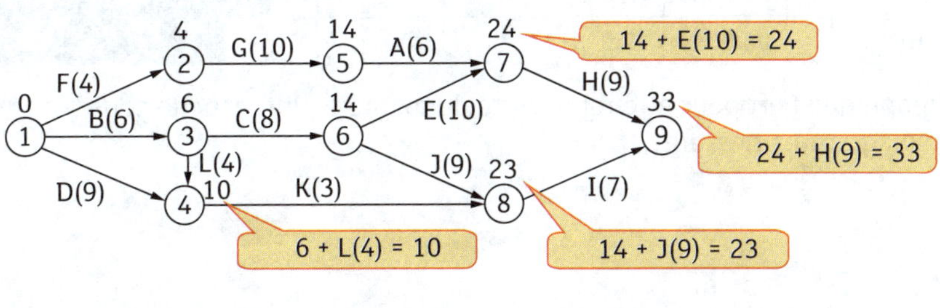

Lorsqu'il existe deux arrivées sur une étape, on obtient deux dates de réalisation : une au plus tôt et une au plus tard. Il faut retenir celle qui totalise la durée la plus longue.

2.2 La notion de chemin critique

Pour certaines tâches, un simple retard peut entraîner un blocage de l'ensemble du projet. Le chemin critique va correspondre au chemin le plus long, car les tâches qui se trouvent sur ce chemin ne doivent pas prendre de retard si l'on veut que le projet aboutisse dans le délai prévu. Cette caractéristique n'existe pas pour les autres tâches qui bénéficient de marges de manœuvre. Par exemple, pour la tâche A qui commence après l'étape 5, en faisant la différence entre la date au plus tard (18) et la date au plus tôt (14), on dispose d'un délai de 4 jours. Cela signifie qu'à ce niveau d'exécution, on peut se permettre 4 jours de retard sans modifier la date de fin du projet.

3 Le diagramme de Gantt

Dans un diagramme de Gantt, chaque ligne représente une tâche ; les colonnes représentent les jours, les semaines ou les mois, selon la durée du projet. Le temps estimé pour une tâche se concrétise par une barre horizontale, avec la date prévue de démarrage à gauche et la date prévue de fin de réalisation à droite. Les tâches peuvent s'enchaîner les unes après les autres ou bien être exécutées en parallèle.

Dans le cas où les tâches s'enchaînent de manière séquentielle (les unes après les autres), des relations d'antériorité peuvent être représentées par une flèche qui part de la tâche en amont vers la tâche en aval, cette dernière ne pouvant pas être exécutée tant que la tâche en amont n'est pas effectuée.

Exemple →

Diagramme de Gantt			Septembre N											
Nom des tâches	Date de début	Date de fin	1	2	3	4	5	6	7	8	9	10	11	12
Conception	01/09/N	04/09/N												
Validation	05/09/N	05/09/N												
Pose des câbles	07/09/N	12/09/N												
Électricité	08/09/N	12/09/N												

Un graphique Pert peut être représenté de manière plus visuelle sous la forme d'un diagramme de Gantt.

Exercice Technique de PERT et diagramme de Gantt

S'entraîner

Vous travaillez en qualité d'assistant(e) de gestion pour les laboratoires Bertrand, fabricants spécialisés de produits d'hygiène et de beauté. Le responsable du département recherche & développement a détaillé les différentes étapes pour le lancement d'un nouveau produit (document 1) et a élaboré un schéma d'enchaînement selon la technique PERT (document 2).

Travail à faire

1. Indiquez le chemin critique sur le document 2.
2. Déterminez, pour chaque tâche, le nombre de jours de retard que l'on peut se permettre (marge de manœuvre) sans modifier la date de fin du projet. Vous compléterez le tableau du document 3.
3. Interprétez les marges des tâches D, I et O et déterminez, parmi l'ensemble des tâches, celle sur laquelle on peut se permettre un retard maximal.
4. Représentez l'ensemble du schéma sous forme d'un diagramme de Gantt, en complétant l'ébauche du document 4.

Corrigé p. 201

Document 1 Ordonnancement des tâches

Tâche	Tâches antérieures à réaliser	Durée en semaines
A	–	2
B	A	8
C	B	1
D	C	3
E	D	5
F	C	1
G	F	2
H	C	2
I	H	3
J	I	8
K	E,G	7
L	K,J	2
M	L	1
N	K,J	1
O	B	8
P	M,N,O	1

Document 2 Schéma PERT

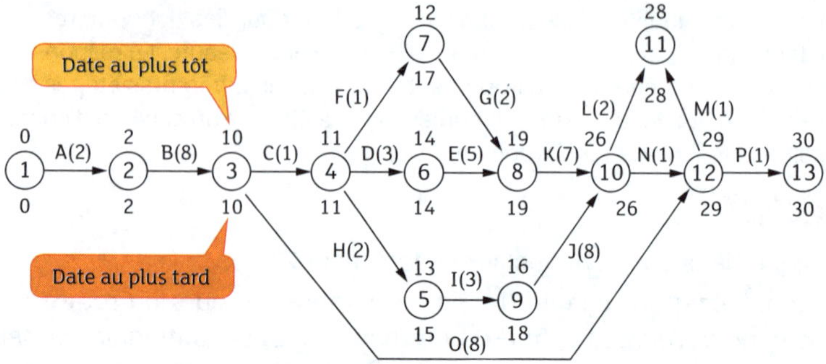

Document 3 Tableau de détermination des marges

Tâche	Durée	Étapes		Date de début au plus tôt	Date de fin au plus tard	Marge (1)	Tâche critique
		Début	Fin				
A	2	1	2	0	2		
B	8	2	3	2	10		
C	1	3	4	10	11		
D	3	4	5	11	14		
E	5	6	8	14	19		
F	1	4	7	11	17		
G	2	7	8	12	19		
H	2	4	5	11	15		
I	3	5	9	13	18		
J	8	9	10	16	26		
K	7	8	10	19	26		
L	2	10	11	26	28		
M	1	11	12	28	29		
N	1	10	12	26	29		
O	8	3	12	10	29		
P	1	12	13	29	30		

(1) Marge = date de fin au plus tard – date de début au plus tôt – durée.

Document 4

Ébauche du diagramme de Gantt

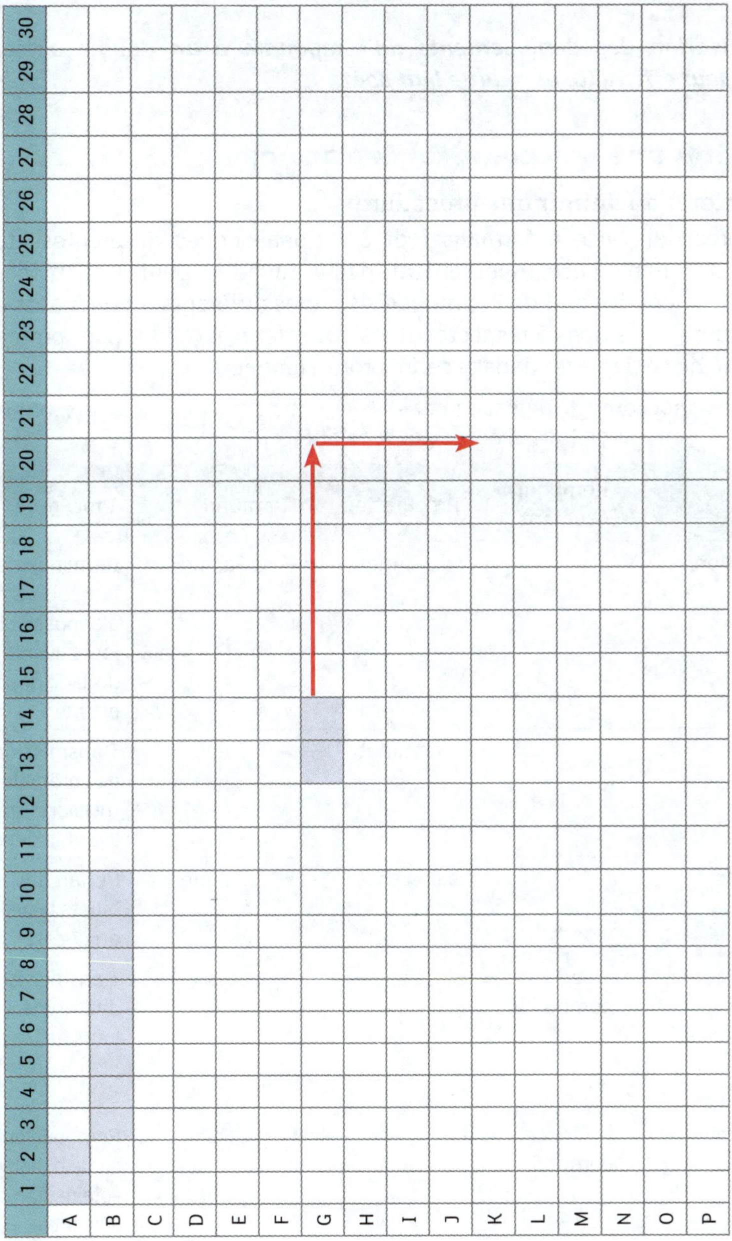

23 Organiser des déplacements

L'organisation des déplacements doit répondre à un double objectif : assurer leur efficacité et réduire leur coût.

1 Définir une procédure de déplacement

1.1 L'intérêt de définir une procédure

Toute procédure vise à formaliser et à rationaliser les différentes étapes à respecter dans l'accomplissement d'une tâche ; pour une procédure de déplacement, il s'agit de définir quels sont les différents intervenants dans la procédure, les étapes à respecter et les documents à valider pour permettre au salarié de se déplacer dans le cadre professionnel.

Exemple → Procédure de déplacement et de remboursement de débours (remboursement de frais avancés par le salarié).

Étapes	Rembour-sement	Préparation	Demande	Procédure
Réservation		Secrétariat ←	Salarié	Demande de remboursement à déposer 15 jours avant la date de départ prévue
Ordre de mission		Secrétariat →	Salarié	Transmission de l'ordre de mission 5 jours avant le départ
Retrait de billets		Secrétariat →	Salarié	Retrait des billets la veille du départ
Retour des pièces justificatives pour les débours	Service comptable ←	←	Salarié	Transmission dans les trois jours des justificatifs de débours
Rembourse-ment des débours	Service comptable →	→	Salarié	Remboursement sur le bulletin de salaire du mois suivant le déplacement

1.2 Les formulaires

Ils complètent la procédure en facilitant l'organisation du déplacement :
– ordre de mission à compléter et à faire signer par le supérieur hiérarchique ;
– formulaire de demande de réservation de billet de transport ;
– formulaire de prise en charge des frais de mission ou des débours ;

2 L'organisation du déplacement

2.1 Rationnaliser le budget de déplacement

Il faut pour cela :
– définir des règles fixant le niveau des dépenses autorisées : choix du mode de transport, choix de la classe de voyage, qualité de prestation des hôtels... ;
– encadrer et contrôler le remboursement des frais engagés par le salarié ;
– suivre la procédure de remboursement des frais de déplacement professionnel à l'aide d'outils permettant de visualiser et d'analyser l'ensemble des dépenses engagées par chaque salarié.

Le coût du déplacement totalise l'ensemble des coûts afférents au déplacement :

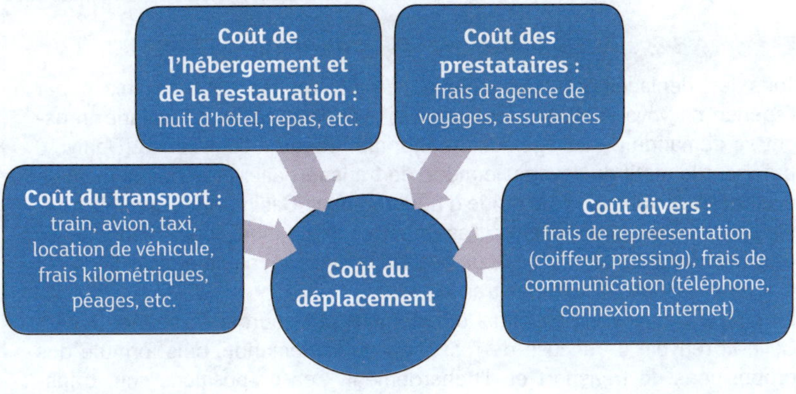

2.2 Collecter les informations et les comparer

Il s'agit de recueillir toutes les informations permettant d'organiser de manière efficace le déplacement : moyens de transport, horaires, choix d'hôtels, afin d'établir un plan de déplacement rationnel et répondant à la fois aux demandes des intéressés et aux contraintes de coût de l'entreprise. Sur ce point, des sites Internet comme Mappy ou Google proposent des outils de géolocalisation. Si le voyage est compliqué à organiser (hors Europe, par exemple), il est souhaitable de faire appel à une agence de voyages.

2.3 Constituer le dossier de déplacement

Le plan de déplacement précédemment établi doit être transmis au(x) voyageur(s) accompagné des documents indispensables : billet d'avion ou de train, planning des rendez-vous et toutes autres informations utiles au déplacement.

S'entraîner

Exercice 1 Formaliser une procédure de gestion des voyages

En qualité d'assistant(e) de gestion, vous êtes chargé(e) du traitement des demandes de voyages d'affaires des salariés de l'entreprise Bertrand, une PME de 150 salariés qui fabrique en sous-traitance des capsules métalliques pour boissons gazeuses et alcoolisées. Ces demandes suivent une procédure très précise, décrite dans le document.

Travail à faire

Transcrivez la procédure de traitement des demandes de voyages sous une forme schématique qui sera lisible par le salarié.

Corrigé p. 203

Document

Procédure de traitement des demandes de voyages

Tous les déplacements des salariés de l'entreprise sont organisés par l'agence de voyage HVAE, sous contrat avec l'entreprise. Le salarié transcrit sa demande de voyage sur un imprimé interne à l'entreprise (Demvoy) précisant le motif du voyage, le mode de transport aller et retour, la location éventuelle de véhicule et le mode d'hébergement. Cet imprimé, une fois rempli, est transmis directement à l'assistant(e) de gestion. Toute demande de déplacement doit faire l'objet d'un aval de la direction commerciale. Sans cet aval, la demande ne sera pas traitée.

L'imprimé Demvoy est transmis directement par courriel à l'agence HVAE. Celle-ci renvoie un accusé de réception de la demande, puis formule des propositions de transport et d'hébergement. Ces propositions sont transmises au salarié, qui peut :

– soit donner son accord sur les modalités : il faut alors expédier à l'agence HVAE un formulaire de confirmation. En retour, l'agence nous expédie l'itinéraire définitif et les titres de transport ;

– soit demander une modification des modalités (dans ces conditions, il faut recommencer la procédure depuis le début). Il est nécessaire de remplir un formulaire d'annulation à expédier à l'agence, qui nous retourne l'accusé de réception ;

– soit demander une annulation pure et simple du voyage, en remplissant le formulaire d'annulation à expédier à l'agence, qui nous retourne un accusé de réception.

Exercice 2 Contrôler l'organisation d'un déplacement

S'entraîner

Sauerbrei Logistics France, filiale d'une entreprise éponyme allemande spécialisée dans le transport de vêtements de prêt-à-porter, est dirigée par Frédéric Lermusiaux. Celui-ci souhaite se rendre au salon BBB destiné aux professionnels de la mode urbaine qui va se tenir à Berlin.

Travail à faire

Réalisez les tâches non encore effectuées pour ce déplacement.

Corrigé p. 203

Document

Point sur le déplacement prévu au salon BBB

F. Lermusiaux : *Faisons le point sur l'avancement de l'organisation de notre participation au salon BBB.*

Vous, assistant(e) de gestion : *Nous disposons d'un stand dans l'allée centrale (H3). J'ai déjà réservé le badge pour le salon sur le site hotline@breadandbutter.com. Je me suis aussi chargé(e) de la réservation à l'hôtel Mercure Berlin City en centre-ville situé au 38 Invalidenstrasse et des billets d'avion. Votre vol est prévu le 13 octobre à 7 h 30 à l'aéroport Roissy-Charles-de-Gaulle à Paris et le retour le 14 octobre à 20 h 30 au départ de l'aéroport de Brandebourg. J'ai aussi réservé votre pass métro pour les 2 jours à Berlin et imprimé le plan du métro. De plus, j'ai préparé le matériel et la documentation à emporter. Je vous informe également que les repas seront pris sur place au salon.*

F. Lermusiaux : *Et d'un point de vue commercial, où en êtes-vous ?*

Vous : *J'ai repéré les marques françaises exposant sur le salon et référencé les prospects. Cela m'a permis d'établir la liste définitive des entreprises à démarcher.*

F. Lermusiaux : *Et pour le reste ?*

Vous : *Je viens de terminer de créer le document de présentation à envoyer à ces entreprises afin de les informer de notre présence à ce salon les 13 et 14 octobre et de présenter nos prestations.*

F. Lermusiaux : *Parfait. Vous vous rappelez que les ordres de mission ne sont plus gérés par le groupe en Allemagne et que leur émission nous incombe. Avez-vous pensé à créer un modèle d'ordre de mission pour l'entreprise ?*

Vous : *J'ai prévu de le faire aujourd'hui. Je m'en servirai pour établir votre ordre de mission afin que vous soyez couvert lors de votre déplacement et je le ferai signer par M. Sauerbrei.*

F. Lermusiaux : *Je vous fais confiance pour réaliser ces travaux.*

24 Organiser la participation à des événements internes ou externes

Mémorisez

Les PME sont souvent amenées à organiser des événements, externes (réunions extérieures, salons, séminaires...) et internes (réunions, élections professionnelles...). Ce rôle est souvent confié à l'assistant(e) de gestion.

1 Organiser des événements externes

1.1 Fixer un cahier des charges

Il détermine les grandes lignes de la manifestation. Il doit fixer les éléments suivants :

Quoi ?	Nature de l'événement : salon, foire, congrès, exposition, séminaire...
Pourquoi ?	Objectif de l'événement : valorisation de l'image de l'entreprise, stimulation des salariés, célébration d'un événement
Qui ?	Qui est le public concerné : clients, salariés, partenaires institutionnels, administrations... ?
Quand ?	Quelle est la date de l'événement ?
Où ?	Où doit avoir lieu l'événement ?
Combien ?	Quel est le budget alloué à l'événement ?
Comment ?	Comment va-t-on communiquer autour de l'événement : supports de communication, cartons d'invitation, badges, dossiers des participants, signalétique ?

1.2 Choisir le lieu et les prestataires

Le lieu peut être imposé (participation à une foire ou un salon, à une manifestation collective) ou librement choisi : salle de réunion dans un centre d'affaires, hôtel équipé de salles modulables, restaurant, hall d'exposition ou l'entreprise elle-même. Des outils de comparaison tels les tableaux Avantages-Inconvénients ou les matrices multi-critères permettent de sélectionner de manière objective les différents prestataires.

1.3 Planifier l'organisation de l'événement

Tous ces préparatifs matériels doivent faire l'objet d'une planification sous forme de liste de contrôle indiquant le délai et la date de réalisation de chaque tâche (prévue et réelle) et permettant de suivre l'avancement des travaux.
Lorsque l'organisation requiert l'intervention de plusieurs personnes, on pourra compléter cette liste par une indication de l'affectation des tâches.

1.4 Évaluer la réalisation de l'événement

Il est toujours intéressant de se livrer à une évaluation tant qualitative que quantitative de la participation à un événement afin de porter une appréciation sur l'atteinte des objectifs que l'on s'était fixés au début.

Qualitativement : un questionnaire auprès des participants (salariés, visiteurs, etc.) peut permettre de juger de l'intérêt de renouveler une telle participation.

Quantitativement : le calcul du coût de revient de l'organisation ou de la participation à l'événement doit permettre d'en tirer des enseignements en matière de retour sur investissement.

2 Organiser des événements internes

2.1 Mener une veille réglementaire

Les journées « portes ouvertes » ou les réunions internes peuvent être organisées en suivant une procédure similaire à l'organisation des événements externes. L'organisation des élections professionnelles, mais aussi des différentes réunions avec les représentants du personnel (délégués du personnel, comités d'entreprise ou CHSCT) doit en revanche faire l'objet d'un suivi particulier car elle répond à une procédure réglementaire stricte que l'assistant(e) de gestion doit savoir déclencher et organiser.

2.2 Organiser les élections professionnelles et les réunions obligatoires

Lorsque l'effectif d'une entreprise atteint des seuils déterminés légalement (11 ou 50 salariés), l'organisation d'élections professionnelles doit être déclenchée. Un planning précis doit être établi selon le modèle ci-dessous.

Dates	Opérations à effectuer
J–45	Annoncer les élections au personnel par voie d'affichage.
J–21	Afficher le protocole d'accord préélectoral (après négociation).
J–15	Afficher les listes électorales.
J–10	Afficher les listes de candidats reçues des organisations syndicales.
J–8	Préparer les bulletins de vote. Envoyer un bulletin de vote par correspondance aux salariés non présents dans l'entreprise.
J–1	Désignation par les salariés des membres du bureau de vote.
	1er tour de scrutin
J	Si absence de candidat présenté par les organisations syndicales, préparer le 2e tour. Si présence de candidats et quorum atteint : à l'issue du scrutin, dépouillement et attribution des sièges par le bureau de vote. Le procès-verbal est remplie et signé.

S'entraîner

Exercice — L'organisation de la participation à un salon

Vous êtes assistant(e) dans l'entreprise Flex'Packaging qui fabrique des caisses-outres (poches souples dans une boîte en carton) destinées au transport et à la conservation de produits alimentaires liquides. Le chef d'entreprise, M. Vignot, vous a convoqué(e) pour organiser la participation à un salon qu'il estime indispensable au développement de son activité.

Travail à faire

Élaborez un support de suivi de l'organisation de la participation au salon.

Corrigé p. 204

Document 1

Entretien avec M. Vignot sur la participation au salon

M. Vignot : *Le salon professionnel Dionysud présente un grand intérêt pour nous, car il est spécialisé dans la filière viticole et oléicole. Il se tient tous les 2 ans avec toujours plus de succès. L'organisateur est la CCI de Béziers.*

Vous : *À quelles dates aura-t-il lieu ?*

M. Vignot : *Du 2 au 4 novembre, de 9 h à 20 h. Le responsable de fabrication s'occupera des produits vides pour les démonstrations et des outres de jus de pomme qui seront remises aux visiteurs en cadeau.*

Vous : *Naturellement, je m'occupe du stand.*

M. Vignot : *Non seulement du stand, mais aussi des démarches d'organisation matérielle et de la communication interne et externe.*

Vous : *Quelle date fixez-vous pour votre départ pour Béziers ?*

M. Vignot : *M. Duval, commercial Languedoc-Roussillon, M. Laporte et moi-même serons sur place dès l'avant-veille au soir, pour installer le stand la veille. Nous rentrerons le lendemain soir de la fin du salon.*

Vous : *Et pour le transport ?*

M. Vignot : *Nous irons à Béziers en camionnette Renault, avec le matériel du stand, les supports de communication et les outres. Le chargement sera assuré sous votre contrôle par M. Potier du service maintenance. Il faudrait donc disposer des matériels et documents 1 semaine avant le départ et regrouper le mobilier et les équipements de communication du stand, ainsi que les outres pour cette date.*

Vous : *Avez-vous des préférences pour l'hébergement et les repas ?*

M. Vignot : *Nous logerons et dînerons dans un hôtel de votre choix, à Béziers ou aux alentours. Par prudence, réservez 2 mois à l'avance.*

Vous : *Je vais télécharger le dossier d'inscription sur le site de la CCI.*

M. Vignot : *Oui, imprimez le dossier d'inscription et le plan des emplacements dès maintenant. Le choix du stand est primordial. Nous allons soigner particulièrement notre première présence à ce salon. Il faudrait un espace d'environ 10 m².*

Vous vérifierez la disponibilité et vous pourrez confirmer aussitôt par téléphone l'emplacement que nous aurons retenu et procéder à l'inscription avec l'acompte de 40 %. Le solde sera à régler avant fin septembre, je crois.

Vous : *Pour rendre le stand attractif, je peux vous proposer quelques idées ?*

M. Vignot : *Je vous laisse carte blanche pour le mobilier et le positionnement des supports de communication.*

Vous : *Comment procéder pour lancer les invitations ?*

M. Vignot : *Il faut envoyer les invitations 1 mois avant le début du salon par courrier à une centaine de moulins des cinq départements principaux de production. À vous d'établir la base de données avec l'aide de M. Laporte.*

Vous : *Y a-t-il d'autres documents à créer pour l'événement ?*

M. Vignot : *Vous devrez adresser un communiqué de presse à des quotidiens locaux, pour une diffusion 1 semaine avant le salon. Faites-en parvenir aussi à des magazines spécialisés dans l'agroalimentaire, l'oléiculture : respectez un délai d'envoi de 6 semaines avant parution dans leur numéro de début octobre. Préparez aussi des photocopies que nous déposerons la veille de l'ouverture dans le hall de presse du salon. Enfin, commandez 300 dépliants sur nos produits à notre imprimeur habituel. Le délai de réalisation est de 3 semaines.*

Vous : *J'y pense, du 23 juillet au 14 août, je pars en congés ! Il me faudra en tenir compte dans l'organisation de mon travail.*

M. Vignot : *Oui. Merci de votre collaboration. Soumettez-moi vos propositions pour le stand dès que possible pour pouvoir réserver rapidement.*

Document 2

Calendrier année N

MAI

Lun	Mar	Mer	Jeu	Ven	Sam	Dim
1	2	3	4	5	6	7
8	9	10	11	12	13	14
15	16	17	18	19	20	21
22	23	24	25	26	27	28
29	30	31				

JUIN

Lun	Mar	Mer	Jeu	Ven	Sam	Dim
			1	2	3	4
5	6	7	8	9	10	11
12	13	14	15	16	17	18
19	20	21	22	23	24	25
26	27	28	29	30		

JUILLET

Lun	Mar	Mer	Jeu	Ven	Sam	Dim
					1	2
3	4	5	6	7	8	9
10	11	12	13	14	15	16
17	18	19	20	21	22	23
24	25	26	27	28	29	30
31						

AOÛT

Lun	Mar	Mer	Jeu	Ven	Sam	Dim
	1	2	3	4	5	6
7	8	9	10	11	12	13
14	15	16	17	18	19	20
21	22	23	24	25	26	27
28	29	30	31			

SEPTEMBRE

Lun	Mar	Mer	Jeu	Ven	Sam	Dim
				1	2	3
4	5	6	7	8	9	10
11	12	13	14	15	16	17
18	19	20	21	22	23	24
25	26	27	28	29	30	

OCTOBRE

Lun	Mar	Mer	Jeu	Ven	Sam	Dim
						1
2	3	4	5	6	7	8
9	10	11	12	13	14	15
16	17	18	19	20	21	22
23	24	25	26	27	28	29
30	31					

NOVEMBRE

Lun	Mar	Mer	Jeu	Ven	Sam	Dim
		1	2	3	4	5
6	7	8	9	10	11	12
13	14	15	16	17	18	19
20	21	22	23	24	25	26
27	28	29	30			

DÉCEMBRE

Lun	Mar	Mer	Jeu	Ven	Sam	Dim
				1	2	3
4	5	6	7	8	9	10
11	12	13	14	15	16	17
18	19	20	21	22	23	24
25	26	27	28	29	30	31

25 Organiser le partage des documents

Mémoriser

Partager des documents et des données consiste à mettre en commun un certain nombre d'informations avec d'autres personnes habilitées à les recevoir.

1 Le travail collaboratif

Le travail collaboratif est une démarche commune de partage d'informations en vue de réaliser une production collective par l'intermédiaire d'un réseau ou d'une plateforme collaborative. De nombreux outils sont disponibles et s'utilisent facilement. Ils peuvent s'utiliser directement en ligne ou être téléchargés sur le poste de travail.

Exemple ➜ Google Drive, Online-agora, etc.

2 Les fonctions des outils de travail collaboratif

Le travail collaboratif permet plusieurs fonctions :

La fonction de communication	L'information circule entre deux ou plusieurs personnes qui peuvent échanger par courriel, *chat*, visioconférence...
La fonction de collaboration et de partage des connaissances	Elle permet à plusieurs personnes de travailler collectivement sur un même document ou sur une même application, de partager les données et les ressources (outils d'écriture collaborative, forum).
La fonction de coordination	Elle permet de suivre une activité ou de contrôler et d'accélérer les interactions entre les contributeurs (agenda partagé, planning collectif, outil de gestion des tâches).

3 Les avantages et limites du travail collaboratif

3.1 Les avantages

Le travail collaboratif facilite le partage de documents et le travail d'équipe. Il permet de travailler à distance et d'améliorer la productivité grâce à la mise en commun des connaissances et des tâches.

3.2 Les limites

L'utilisation des outils de travail collaboratif représente un coût pour la PME (matériel, logiciels, maintenance technique) et implique, pour le personnel, le respect des règles de sécurité informatique et de confidentialité.

S'entraîner

Exercice — Organiser une web-conférence

La PME Coverland fabrique et pose des vérandas sur mesure. Elle est organisée en trois pôles :

- le pôle administratif est situé à Strasbourg, il est composé de la direction générale, de la direction des ressources humaines, du service financier et du service de coordination chargé des plannings ;
- le pôle technique est lui aussi situé à Strasbourg. Il se compose d'une usine de fabrication, d'un bureau d'études et du service après-vente ;
- le pôle commercial est composé de 20 agences qui se répartissent sur tout le territoire français.

Afin de faciliter la mise en commun des informations au sein de la PME, le chef d'entreprise organise chaque lundi matin à 9 heures une réunion de travail avec les directeurs et responsables de service au siège de la société à Strasbourg. Dans le but de réduire les frais de déplacement, il souhaite, à partir du lundi 2 juillet N, remplacer cette réunion par une visioconférence.

Les ordinateurs de la PME ont été équipés du logiciel Cyber-Réunion, une notice d'utilisation a été communiquée aux salariés concernés.

Travail à faire

Convoquez par courriel les directeurs et responsables de service à la première réunion hebdomadaire par visioconférence qui aura lieu lundi 2 juillet N.

Corrigé p. 205

Document

Ordre du jour de la réunion du 2 juillet N

- Analyse des résultats du mois de juin N
- Présentation de l'accord d'intéressement
- Renouvellement partiel des véhicules commerciaux

26 Gérer la messagerie électronique

Mémoris

Les logiciels de messagerie électronique permettent, par l'intermédiaire d'un ordinateur et d'une connexion Internet, d'expédier des courriers électroniques appelés courriels. Pour envoyer et recevoir des messages, il est nécessaire de disposer d'une adresse électronique. Ces logiciels proposent en outre plusieurs fonctions avancées telles que la gestion d'agendas.

1 Le carnet d'adresses et les listes de diffusion

1.1 Le carnet d'adresses

Le carnet d'adresses permet de gérer les adresses électroniques des contacts en les saisissant ou en les enregistrant directement à partir d'un courriel reçu. Il est utile de sauvegarder régulièrement ses contacts.

1.2 Les listes de diffusion

La liste de diffusion permet d'envoyer un message groupé, distribué à tous les contacts préalablement enregistrés dans la liste.

2 La gestion de la messagerie

Les courriels sont gérés dans la messagerie en plusieurs dossiers :

Boîte de réception	Les messages entrants sont lus et rangés dans ce répertoire dans lequel il est possible de créer des dossiers personnalisés afin de trier les messages entrants selon des critères définis préalablement.
Boîte d'envoi	Les messages rédigés y sont stockés jusqu'à leur envoi.
Éléments envoyés	La sauvegarde des messages envoyés se fait automatiquement.
Éléments supprimés	Messages à effacer.
Brouillons	Les courriels dont l'envoi est différé y sont conservés.
Courriers indésirables	Des règles de messages permettent de diriger directement les messages indésirables dans ce dossier.

3 La personnalisation des courriels

Les logiciels de messageries électroniques permettent la personnalisation des courriels. Plusieurs fonctionnalités sont disponibles, par exemple :
- créer des modèles de mise en page (papier, police, couleurs, etc.) ;
- paramétrer une signature automatique (nom, fonction, etc.) ;
- demander une confirmation de lecture ;
- rédiger des messages d'absence automatiques.

Exercice — S'entraîner

La mise en place des adresses électroniques de la PME

Vous êtes assistant(e) de gestion au sein de la PME Cedat, spécialisée dans la fabrication de meubles de bureau design. Le chef d'entreprise, M. Cedat, souhaite changer de fournisseur d'accès Internet et doit renouveler entièrement les identifiants d'adresses électroniques des salariés de l'entreprise selon le modèle du document.

Un mot de passe est attribué à chaque salarié qui doit le modifier dès sa première connexion à la messagerie. Soucieux de préserver la confidentialité des données de l'entreprise, M. Cedat vous demande de leur rappeler les règles de sécurité informatique concernant les mots de passe d'adresses électroniques.

Travail à faire

À partir de vos connaissances et de vos recherches, adressez une note aux salariés afin de leur rappeler les règles de précaution à respecter pour assurer la protection des mots de passe.

Corrigé p. 205

Document

Adresses électroniques de la PME Cedat

Chaque collaborateur dispose d'une adresse de messagerie constituée sur le modèle suivant :
initiale du prénom.nom@cedat.fr

Exemple pour le chef d'atelier, Richard Romanin : r.romanin@cedat.fr

27 Accueillir et communiquer en face à face

L'accueil des visiteurs dans l'entreprise revêt une importance capitale : la première impression est souvent déterminante ; l'assistant(e) de gestion au poste d'accueil véhicule l'image de l'entreprise.

1 Accueillir en face à face

1.1 Préparer l'accueil

Afin d'optimiser son accueil, l'assistant(e) de gestion prépare les documents qui lui permettent de renseigner le visiteur :

- **L'organigramme de l'entreprise** avec le nom des collaborateurs et leur fonction.
- **La plaquette de l'entreprise** à remettre aux visiteurs : elle comporte des informations sur l'activité, les produits, les horaires d'ouverture, etc.
- **L'agenda des collaborateurs** : il permet de vérifier leur disponibilité et de proposer un rendez-vous si nécessaire.
- **La fiche de message** : elle permet de consigner l'information et d'effectuer le suivi de la demande.
- **Les informations utiles** : numéros de taxis, plan d'accès, etc.

1.2 Respecter les étapes de l'accueil

L'assistant(e) de gestion veille à respecter les étapes suivantes :

La prise de contact	L'assistant(e) de gestion sourit et salue le visiteur, puis par une phrase simple, le met en confiance. Il/Elle l'interroge sur son identité ou l'identifie par son nom s'il/elle le connaît. Il/Elle est en empathie avec le visiteur.
L'écoute active de la demande	L'assistant(e) de gestion questionne le visiteur afin de comprendre sa demande, d'identifier convenablement ses besoins et d'apporter la réponse souhaitée : – le visiteur est attendu : l'assistant(e) de gestion prévient le collaborateur et fait patienter le visiteur ; – le visiteur n'est pas attendu : l'assistant(e) de gestion prévient le collaborateur concerné pour savoir s'il est disponible ; dans le cas contraire, il/elle propose un rendez-vous et/ou il/elle prend note d'un message ; – le visiteur souhaite obtenir des informations : l'assistant(e) de gestion le renseigne s'il/elle dispose des informations nécessaires. Dans le cas contraire, il/elle propose au visiteur de rencontrer le collaborateur compétent.

La prise de congé	L'assistant(e) de gestion salue le visiteur, propose la plaquette d'entreprise et la carte de visite afin de laisser une bonne image de l'entreprise.

2 Évaluer la communication d'accueil en face à face

L'assistant(e) de gestion effectue un diagnostic de l'accueil afin d'identifier les points positifs et ceux à améliorer. Pour cela, plusieurs outils sont à sa disposition :

L'enquête de satisfaction	L'assistant(e) de gestion réalise une enquête auprès des visiteurs afin d'évaluer les critères d'accueil tels que la rapidité de la prise en charge, la qualité des réponses, etc. Il/Elle met le questionnaire (parfois anonyme) à leur disposition dans l'espace d'attente afin de ne pas influencer leurs réponses.
L'étude de la fréquentation	L'assistant(e) de gestion effectue un comptage des visites, qui lui permettra une analyse statistique très riche : par exemple, l'analyse de la fréquentation (heures, jours, mois), afin de détecter les périodes de pointe, la saisonnalité, etc.
L'analyse du profil des visiteurs	Les visiteurs de la PME ont des profils variés (commerciaux, inspecteur du travail, clients, banquier...), la nature de leur visite et leurs attentes sont différentes.

3 La charte d'accueil

La charte d'accueil permet de définir les règles relatives aux bonnes pratiques de l'accueil. L'assistant(e) de gestion rassemble dans un document les objectifs et les enjeux de l'accueil, les attitudes et comportements à adopter, les outils à utiliser afin de répondre aux attentes des visiteurs. Ce document est destiné à l'ensemble du personnel, il est un gage de qualité de l'accueil dans l'entreprise.

S'entraîner

Exercice 1 Accueillir un visiteur

Vous êtes assistant(e) de gestion au sein de la PME Confortplus, spécialisée dans la conception et la pose de cheminées chez les professionnels et les particuliers. C'est votre première semaine de travail et vous constatez que plusieurs fois par jour, des visiteurs tels que les clients, les représentants de matériaux, les demandeurs d'emploi, etc., s'adressent à vous pour obtenir des informations.
Vous ne disposez pas de document d'accueil, vous décidez de pallier ce manque.

Travail à faire

Réalisez une fiche d'accueil visiteur en face à face.

Corrigé p. 206

Exercice 2 Proposer les idées fortes d'une charte d'accueil

La société BoutiGlobe, installée à Paris, est une PME spécialisée dans le tourisme international. Son activité consiste à proposer des voyages sur mesure à des particuliers ou à des groupes (en passant par les comités d'entreprise le plus souvent) souhaitant visiter un pays étranger en dehors des circuits touristiques habituels. Elle dispose d'un réseau de 80 correspondants étrangers, dont 50 en Europe.

En vue d'améliorer l'accueil de la clientèle potentielle dans l'espace d'accueil prévu à cet effet, vous êtes chargé(e), en qualité d'assistant(e) de gestion, de réfléchir aux grandes lignes de la future charte d'accueil. Le chef d'entreprise souhaite que vous interveniez sur cinq points précis :

- faciliter l'accès à l'espace d'accueil et améliorer son environnement ;
- offrir un accueil aimable et efficace ;
- informer et renseigner les clients potentiels ;
- améliorer les prestations offertes ;
- mesurer la qualité de l'accueil.

Travail à faire

1. Pour chacun des points indiqués, présentez les idées principales à mettre en évidence dans la future charte d'accueil.
2. Que pouvez-vous proposer pour améliorer l'accueil des clients étrangers ?

Corrigé p. 207

Document

Informations complémentaires

La société étant installée dans une zone très touristique de la capitale, il arrive souvent que des touristes étrangers soient intéressés par le style de voyage de découverte proposé.
La plupart des visiteurs étrangers de l'espace accueil sont des Britanniques ou des Allemands. La clientèle étrangère a représenté l'année dernière 8 % des personnes accueillies dans les locaux.
Si les réservations avec les clients étrangers ne sont pas immédiates, ceux-ci, une fois de retour chez eux, procèdent le plus souvent à une inscription sur le site Internet de la société.
Le site Internet de l'entreprise est rédigé – en dehors du français – en quatre autres langues : anglais, allemand, espagnol et italien.

Exercice 3 *Évaluer l'accueil*

Vous êtes assistant(e) de gestion dans la société ApproElec spécialisée dans les produits et outillages d'électricité pour les professionnels et les particuliers. Votre poste est situé dans un îlot d'accueil à l'entrée de l'entreprise, les visiteurs s'adressent à vous régulièrement.

Soucieux(se) de donner une bonne image de l'entreprise, vous décidez de réaliser une enquête de satisfaction brève et anonyme sur la qualité de votre accueil.

Travail à faire

Réalisez le questionnaire de satisfaction.

Corrigé p. 208

28 Accueillir et communiquer au téléphone

Mémorisé

Le téléphone est un outil de communication qui doit faire l'objet d'une attention particulière.

1 La préparation de l'accueil téléphonique

1.1 L'organisation de l'accueil téléphonique

Savoir accueillir et communiquer au téléphone relève à la fois d'une technique et d'un bon état d'esprit. Pour cela, l'assistant(e) de gestion organise son poste de travail afin de faciliter la réception des appels.

1.2 Les documents nécessaires à l'accueil téléphonique

L'assistant(e) de gestion prépare un ensemble de documents utiles :

- **Le répertoire des collaborateurs** de l'entreprise avec leur fonction et leur numéro de poste.
- **L'agenda des collaborateurs** comportant leurs disponibilités.
- **Une fiche de réception d'appel** qui permet de conserver une trace de la communication et de transmettre les informations aux personnes concernées en vue d'un traitement. Elle comporte la date et l'heure de l'appel, les informations utiles concernant l'appelant, le destinataire du message, l'objet de la demande et les suites à donner.

2 Le traitement efficace d'un appel téléphonique

La manière dont les clients sont accueillis au téléphone a une incidence directe sur la façon dont ils perçoivent l'entreprise. Certains écueils sont à éviter, tels que laisser sonner le téléphone trop longtemps ou transférer un appel de service en service. Pour cela, l'assistant(e) de gestion doit respecter les étapes de l'accueil téléphonique.

2.1 La prise de contact

- **Décrocher** avant la troisième sonnerie pour ne pas décourager et agacer l'appelant. En cas d'appels simultanés, l'appelant sera mis en attente pour une durée raisonnable avec un message d'accueil ou une musique douce qui véhiculent une image de sérieux de la PME.
- **Dire** « bonjour » avec amabilité, sans avoir l'air dérangé(e) et avec le sourire (qui s'entend).

- **Se présenter**, décliner son nom et celui de l'entreprise de façon audible, pour permettre à l'appelant de comprendre cette information.
- **Identifier** l'interlocuteur par son nom et le cas échéant, demander le nom de son entreprise et sa fonction.

2.2 L'écoute active de l'interlocuteur

L'assistant(e) de gestion en situation d'accueil téléphonique pratique l'écoute active afin d'éviter les malentendus et les erreurs d'orientation. Pour cela, il/elle écoute et note sur la fiche de réception d'appel la demande de l'appelant, reformule afin de s'assurer qu'il/elle a bien compris, pose toutes les questions utiles pour parfaire son information. Il/Elle adapte son vocabulaire et parle calmement. Il/Elle est en empathie avec son interlocuteur.

Exemple → « Si j'ai bien compris, vous souhaitez obtenir des informations sur notre nouveau produit ? »

2.3 La réponse à la demande

Après avoir pris connaissance de la demande de l'appelant, l'assistant(e) de gestion peut rencontrer diverses situations à gérer :

a) Apporter une réponse à la demande

Très souvent, l'assistant(e) de gestion est en capacité d'apporter une réponse fiable et rapide à l'interlocuteur. Lorsqu'il/elle ne dispose pas de la réponse immédiatement, il/elle peut proposer de rappeler la personne après avoir recueilli les informations utiles.

b) Transférer l'appel à un collaborateur

Dans le cas où l'appel concerne un collaborateur, l'assistant(e) de gestion prend congé de l'appelant, transfère l'appel et annonce au collaborateur l'objet de l'appel et l'identité de la personne. Au préalable, il/elle se sera assuré(e) que le collaborateur est disponible et qu'il accepte de recevoir l'appel.

c) Mettre l'appelant en attente

L'appelant est mis en attente s'il y a deux appels simultanés ou lorsqu'il souhaite parler à un collaborateur non disponible. Si l'attente se prolonge, l'assistant(e) de gestion prend les coordonnées de la personne et lui propose de la rappeler ultérieurement.

d) Prendre un message

Lorsque l'assistant(e) de gestion ne peut pas apporter de réponse à la demande et que le collaborateur concerné n'est pas disponible, il est nécessaire de noter sur la fiche de réception d'appel la raison de l'appel et les observations éventuelles. Cette fiche est transmise au collaborateur concerné dans les meilleurs délais pour un traitement optimal de l'appel.

e) Effectuer un filtrage

L'assistant(e) de gestion peut avoir pour consigne de filtrer les appels des collaborateurs très sollicités qui désirent se concentrer sur leurs dossiers. Avec diplomatie, il/elle note le message de l'appelant sur la fiche de réception d'appel pour un traitement en différé. Il/Elle peut également proposer à l'interlocuteur de transférer l'appel à collaborateur disponible.

2.4 La prise de congé

Les personnes qui appellent l'entreprise doivent être satisfaites de la réponse obtenue ou du service rendu. En prenant congé, l'assistant(e) de gestion s'assure que c'est le cas. Il/Elle résume les éléments utiles de la conversation, reformule l'objet de la demande lorsqu'il s'agit d'un rendez-vous par exemple, et les coordonnées de la personne afin de s'assurer de pouvoir la recontacter, puis prend congé de la personne avec une formule de politesse.

S'entraîner

Exercice — Améliorer l'accueil téléphonique

La société Laval est une PME qui fabrique du matériel de pesage agricole. Jusqu'à présent, le standard téléphonique était assuré par vous-même, assistant(e) de gestion. Toutefois, l'accroissement du nombre d'appels ne vous permet plus d'assumer correctement le reste de votre travail.

À votre demande, le chef d'entreprise, M. Laval, souhaite procéder à l'embauche d'un(e) assistant(e) de gestion en alternance qui sera chargé(e) de l'accueil téléphonique. Il vous demande de rédiger la charte du bon comportement lors de l'accueil téléphonique destinée à ce nouveau salarié. M. Laval a déjà commencé à noter quelques règles essentielles de l'accueil téléphonique de la société, qu'il vous soumet (document).

Par ailleurs, il vous demande de concevoir le modèle de la fiche de réception d'appel.

Travail à faire

1. Complétez la charte du bon comportement lors de l'accueil téléphonique.
2. Concevez le modèle de la fiche de réception d'appel.

Corrigé p. 209

Document

Charte du bon comportement lors de l'accueil téléphonique

- ◯ Décrocher avant la troisième sonnerie.
- ◯ Dire « bonjour » avec le sourire.
- ◯ Se présenter.
- ◯ Identifier son interlocuteur.
- ◯ Soigner son expression, parler lentement et distinctement.

…….

29 Contribuer à la communication institutionnelle

Mémoriser

La communication institutionnelle n'a pas pour objectif de communiquer sur les produits ou les services fournis par l'entreprise mais sur l'entreprise elle-même, sur ses valeurs et son image. En cela, elle se distingue de la communication de marque ou de produits. L'objectif principal est de construire une image sociétale de compétence et de sérieux, atout majeur dans la fidélisation de la clientèle.

1 La cible concernée

La cible de la communication institutionnelle correspond à l'ensemble des acteurs externes de l'entreprise :

- **Les consommateurs** : ensemble des clients et prospects. Souvent sensibilisés aux problématiques écologiques et environnementales, ils apprécient d'être informés sur les activités et valeurs de la PME.

- **Les journalistes** : ils contribuent à véhiculer l'image de l'entreprise par leurs communiqués, leurs reportages. À ce titre, ils doivent être tenus informés de l'actualité de la PME.

- **Les partenaires** : fournisseurs, banques, grandes écoles, etc., sont attentifs à la réputation de solidité et de sérieux de la PME avant de prendre un engagement de partenariat.

- **Les futurs embauchés** : l'image de la PME est importante pour l'ensemble des personnes à la recherche d'un emploi, les intérimaires, les apprentis, les stagiaires, etc.

2 Les moyens de la communication institutionnelle

Le choix du moyen dépend de la cible visée, du budget alloué, mais également du message à faire passer. Les moyens les plus utilisés sont les suivants :

- **Les médias** permettent de toucher un large public, leur impact est important. Toutefois, ce moyen est assez coûteux, surtout s'il s'agit de médias nationaux (exemple : les chaînes de télévisions généralistes) ; peu de PME ont alors le budget nécessaire. L'assistant(e) de gestion favorisera les médias régionaux et locaux (exemples : presse régionale, radios locales...), dont les coûts correspondent davantage au budget alloué.

- **Le mécénat** apporte un soutien financier ou matériel à des événements ayant une vocation caritative, culturelle, sociale, humanitaire, etc. L'implication du mécène est sociétale, sans recherche de contrepartie financière (exemple : financer les travaux de rénovation d'un musée local).

Le parrainage permet à la PME de communiquer en apportant un soutien financier à des manifestations diverses, dans le but d'en retirer une image positive et une contrepartie financière.

La participation à des manifestations permet à la PME de se rapprocher de sa cible, de se faire connaître et d'améliorer son image. Les manifestations sont diverses : salons, foires, journées portes ouvertes, forums, séminaires, etc.

Les relations avec la presse permettent à l'assistant(e) de gestion de transmettre des informations à communiquer au public, par l'intermédiaire d'un communiqué de presse, par exemple.

3 L'élaboration du plan de communication institutionnelle

Le plan de communication institutionnelle se présente sous la forme d'un tableau qui synthétise l'objectif et les moyens mis en œuvre lors de la campagne. Il répond aux questions : qui, quoi, où, quand, comment, pourquoi et combien.

La cible	Préciser quel est le public concerné par la campagne.
Le message	Définir le contenu à transmettre à la cible lors de la campagne : informations, valeurs, etc.
La localisation	Délimiter la zone géographique concernée par la campagne ou le cadre spatial (exemple : foire de Marseille).
La période	Définir le cadre temporel : la durée et la période de la campagne.
Les moyens	Choisir les moyens de communication institutionnelle adéquats pour véhiculer le message.
L'objectif	Préciser l'objectif poursuivi : construire un « capital sympathie » et/ou un « capital confiance » qui permettront à la PME de se démarquer de ses concurrents.
Le budget	Respecter le budget alloué et évaluer les actions mises en œuvre grâce à des indicateurs.

4 Les outils de la communication institutionnelle

4.1 Les outils de relation avec la presse

a) Le communiqué de presse

Le communiqué de presse permet de tenir informé le public de l'actualité de l'entreprise sous la forme d'un article publié dans un journal ; ce n'est pas un message publicitaire. Un seul sujet est développé par communiqué, sur une dizaine de lignes avec une idée par paragraphe. Le style est bref impersonnel et informatif, il véhicule une image de sérieux et de neutralité de la PME. Les éléments qui composent un communiqué de presse sont les suivants :

- **La date de publication.**
- **La date de diffusion souhaitée** : « à paraître après le ... ».
- **Le nom de la société** : « Communiqué de presse de la société ... ».
- **Le titre** qui reprend l'objet du communiqué : il est informatif et déclaratif. Souvent rédigé sous forme de question pour accrocher le lecteur, il comporte des mots clés.
- **Le chapeau** (phrase d'accroche) : il résume l'essentiel du communiqué en une ou deux phrases.
- **Le texte** : corps du communiqué, il comporte les informations essentielles qui informent le lecteur.
- **La fin du communiqué** : elle recense toutes les informations utiles sur la PME, sa raison sociale, son historique, sa situation géographique, son activité, etc. (« À propos de la société ... »).
- **Le communiqué se termine** par (###) centré : tous les éléments qui suivent ne doivent pas être publiés (coordonnées complètes de l'entreprise : nom, logo, adresse, etc.). Ils permettent au journaliste d'entrer facilement en contact avec l'assistant(e) de gestion.

b) Le dossier de presse

Le dossier de presse est destiné au journaliste, il lui permet d'être informé sur un thème d'actualité de la PME et de communiquer avec le public. Le dossier de presse se présente sous la forme d'un recueil d'une dizaine de pages, il comprend des communiqués de presse, des articles de revue de presse, des photos, etc.

Les éléments qui composent un dossier de presse sont les suivants :

- **La forme** : c'est un dossier paginé qui doit être facile à consulter et à transporter. Il respecte la charte graphique de l'entreprise : sur la page de garde figurent le logo, la raison sociale, le thème, la date.

  Le dossier est illustré par des graphiques, des photos, des images...

- **Les règles de rédaction** : les phrases utilisées sont courtes, le style est simple et facile à lire. Les paragraphes sont brefs, ils comportent des titres et des sous-titres.

Le plan du dossier de presse :

Le titre	Reprend l'objet du dossier de presse
Le sommaire	Synthétise le plan du dossier
Le communiqué d'ouverture	Résume le contenu du dossier en quelques phrases
La présentation de la PME	Rappelle le nom, l'adresse, l'historique, l'activité
Les indicateurs	Présentent les résultats de l'entreprise (le CA, les taux d'évolution, etc.), sous la forme de tableaux ou de graphiques
Le thème	Développe les informations utiles sur l'objet du dossier, argumentées de façon positive
Les coordonnées	Précisent les contacts de la PME

4.2 La participation aux manifestations

Participer à des manifestations permet à la PME d'aller à la rencontre des prospects et de la clientèle afin de se faire connaître et d'accroître sa notoriété. Cette participation a un coût, le budget prévisionnel doit être maîtrisé grâce à une parfaite préparation de l'événement.

Avant la manifestation : l'assistant(e) de gestion réserve un emplacement à partir du plan fourni par les organisateurs de la manifestation, loue le matériel et le mobilier nécessaires. Il/Elle organise les déplacements et l'hébergement du personnel présent lors de la manifestation. Enfin, il/elle rédige les documents supports de la communication institutionnelle : les plaquettes, les affiches, les communiqués de presse, etc.

Pendant la manifestation : sur le stand, une rotation du personnel permet d'assurer une permanence constante ; l'animation informative effectuée sur le stand attire l'attention de la clientèle.

Une fiche prospection est complétée à chaque contact, elle permet d'effectuer des relances sous la forme de publipostages ou d'enquêtes.

Après la manifestation : toutes les informations recueillies lors de la manifestation doivent faire l'objet d'un traitement rigoureux :

– analyse des résultats de la manifestation ;

– publipostages et enquêtes de satisfaction auprès des visiteurs.

S'entraîner

Exercice — Participer à un salon

La société Patrick Serrat, qui a plus de 150 ans d'existence, est une fabrique artisanale de jus de fruits bio située 10, chemin du Rocher 07200 Saint-Étienne-de-Fontbellon en Ardèche. Dans l'optique d'accroître la réputation de la PME dans le secteur et d'améliorer sa notoriété, le chef d'entreprise souhaite communiquer sur ses méthodes de fabrication traditionnelles par extraction à froid et sur la qualité de ses produits haut de gamme, réalisés à partir de fruits régionaux. La pasteurisation des jus de fruits assure une conservation du produit de façon optimale.

Le chef d'entreprise a choisi de réserver un stand de dégustation au Salon du Goût de Nyons dans la Drôme, qui se déroulera dans 6 mois, les 26 et 27 juin N. Il a déjà contacté l'organisateur, qui lui a envoyé un dossier d'inscription.

En qualité d'assistant(e) de gestion, vous êtes chargé(e) de l'organisation de ce projet.

Travail à faire

1. Préparez votre participation au Salon du Goût à l'aide d'une liste de tâches.
2. Évaluez le coût total de l'opération HT (l'entreprise récupère la TVA sur ses achats de biens et de services).
3. Rédigez un communiqué de presse à paraître le 20 juin N dans le journal régional *Le Dauphiné libéré*.

Corrigé p. 210

Document 1

Frais de location du stand

Frais d'inscription au salon : 200 € HT.
Location d'un stand de 20 m2 : 1 800 € HT.
Un acompte de 40 % du montant total TTC doit être payé au plus tard 3 mois avant le début du salon, le solde est à verser 2 mois avant.
Le dossier d'inscription est à renvoyer complété avec le paiement de l'acompte de réservation du stand. Un double est conservé dans l'entreprise.
Des plantes pour la décoration sont achetées 3 jours avant le salon (60 € HT).

Document 2

Frais de communication

Un imprimeur est chargé de réaliser l'impression des documents suivants :
- 10 affiches de l'entreprise à 20 € HT l'unité ;
- 500 plaquettes à 0,25 € HT l'unité ;
- 150 cartons d'invitations personnelles à 0,10 € HT l'unité.

Les maquettes des affiches, des plaquettes et des cartons d'invitation doivent être remises à l'imprimeur au plus tard 1 mois avant le début du salon. Il vous faut 10 jours pour concevoir ces maquettes.

L'imprimeur réalise l'impression des documents en 3 jours.

Vous devez expédier les 150 cartons d'invitation au plus tard 3 semaines avant le début du salon, les frais postaux s'élèvent à 75 €.

Document 3

Frais de dégustation

Pour la dégustation des jus de fruits sur le stand, le chef d'entreprise prévoit 100 verres à 1 € HT le verre, achetés au plus tard 1 semaine avant le salon, et 100 bouteilles de jus de fruits assortis, issus des stocks de la société, à 3 € HT la bouteille.

Document 4

Frais d'hébergement et de déplacements

Trois personnes dont le chef d'entreprise, vont participer à ce salon : elles logeront dans un hôtel-restaurant pendant 3 nuits. La chambre est au prix de 50 € HT la nuit.

Elles prendront 5 repas au restaurant (prix estimé d'un repas : 15 € HT). Les chambres d'hôtel doivent être réservées 20 jours avant le début du salon.

Un camion appartenant à l'entreprise sera mis à disposition pour le transport des personnes et des marchandises. Il faut prévoir pour l'aller 70 € de carburant et 30 € de péages.

30 Préparer une campagne de communication par les médias

Mémoriser

La communication commerciale par les médias a pour objectif de faire connaître les biens ou les services de l'entreprise en faisant appel aux principes et aux techniques de la publicité. La publicité est un outil véhiculé par les médias qui « tire le client vers les produits de la PME », c'est-à-dire qui informe le client tout en cherchant à le séduire et le convaincre d'acheter.

1 La cible concernée

La cible est le public visé par la communication, on peut la diviser en quatre catégories :

- **Les clients actuels** de l'entreprise.
- **Les clients potentiels** (les prospects).
- **Les revendeurs** (magasins spécialisés, grandes surfaces...).
- **Les prescripteurs** (personnes susceptibles de conseiller l'achat).

2 Le budget de la campagne de communication

Le budget permet de financer la conception du message, l'achat des espaces publicitaires et de rémunérer les prestataires. L'assistant(e) de gestion dispose de plusieurs méthodes pour le fixer :
– le budget correspond à un pourcentage du chiffre d'affaires de l'année précédente ;
– le budget est évalué en s'alignant sur le budget des concurrents.

3 Le choix des médias et des supports

Le support est un vecteur du média sélectionné pour véhiculer le message de la campagne de communication.

3.1 Typologie des médias

On dénombre six médias :

Médias	Exemples de supports
La télévision nationale, régionale ou locale	France 3, TMC...
La presse écrite nationale, locale ou gratuite	*Corse Matin*, *Paris Match*...
La radio nationale et locale	Sud Radio, Europe 1...
Le cinéma	

Médias	Exemples de supports
L'affichage	Abribus
Internet	Les sites, les réseaux sociaux

3.2 Les critères de choix du support

Le coût de la campagne est plus ou moins élevé selon le support choisi, ce qui implique l'utilisation de critères de choix tels que :

- **La cible** visée par la campagne de communication.
- **L'audience**. On distingue deux modes de calculs :

L'audience	Nombre de personnes en contact avec le support touchées par le message. L'audience est supérieure à la diffusion.
L'audience utile	Cible touchée par le support.

- **La sélectivité** : capacité du support à atteindre la cible (exemple : les personnes âgées pour la publicité sur les prothèses auditives).
- **Le délai de diffusion** du message, variable selon le support.
- **La concurrence.**
- **Le coût.**

4 Le plan média (média planning)

Le plan média est un planning qui permet de visualiser le détail des modalités d'utilisation des supports choisis sur une période donnée en vue de l'organisation de la campagne de communication. Le choix des périodes de parution dépend des supports, de l'objet de la campagne et du budget alloué (exemples : période de lancement d'un produit, date anniversaire, etc.).
Insérer une page de publicité dans un média pour une seule parution ne permet pas la mémorisation du message, il est nécessaire, tout en respectant le budget, de réitérer les parutions de manière fréquente afin de maintenir une présence constante.

5 La conception du message publicitaire

Le message publicitaire se compose de deux éléments complémentaires : l'image qui permet la mise en scène (photos, film, etc.) et le langage verbal et/ou non verbal (slogan, musique, etc.).

5.1 L'objectif du message

Trois types d'objectifs peuvent se combiner :

- **Cognitif** : faire connaître le produit, attirer l'attention du consommateur.
- **Affectif** : faire aimer le produit, provoquer de l'intérêt.
- **Conatif** : faire agir ; susciter le désir et l'achat.

5.2 Les caractéristiques du message

Le message publicitaire doit être adapté à la cible et au support choisis. Il doit répondre à quatre grandes caractéristiques :

- **L'impact** : capacité à surprendre le lecteur ou l'auditeur et à le faire s'arrêter sur la publicité.
- **La mémorisation** : point essentiel, car la cible doit se souvenir de la publicité.
- **La compréhension** : capacité du message publicitaire à être compris par la cible afin de faire agir.
- **Le positionnement** : image que l'entreprise souhaite faire passer dans le message.

5.3 Le contenu du message publicitaire

a) L'axe

L'assistant(e) de gestion doit imaginer un contenu qui provoque une réaction chez la cible visée. Il s'agit de l'axe. Le message doit être simple et court afin d'être mémorisé. Il existe deux types d'axes :

– l'axe rationnel : il consiste à présenter les qualités du produit en prouvant son efficacité (exemple : « Facile à installer ») et en démontrant qu'il est unique et différent de ceux des concurrents (exemple : « Il dispose d'une fonction unique ») ;

– l'axe émotionnel : le but est de cibler aussi bien les émotions positives (exemple : agir pour l'environnement) que les émotions négatives (fondées sur la peur, la culpabilité ou la honte).

b) Le thème

L'assistant(e) de gestion doit déterminer l'idée à développer pour traduire l'axe choisi. Le thème doit être clair, sans ambiguïté pour la cible, il donne le ton du message, les couleurs, les mots, la musique, etc.

6 Le cahier des charges

La PME fait souvent appel à des prestataires de services qui vont s'occuper de sa communication (agences de communication). Afin de les informer des attentes, l'assistant(e) de gestion rédige un cahier des charges, document de synthèse qui regroupe les objectifs de la campagne, les contraintes et les attentes de l'entreprise. Son contenu est précis :

- **Présentation de la PME** : sa raison sociale, son activité, son image, son positionnement, etc.
- **Le contenu de la campagne** : son objectif, ses attentes, le détail du projet (cible concernée, image à faire passer, charte graphique souhaitée, période de communication, etc.).
- **Les contraintes** : le budget, les délais à respecter, le calendrier du média planning, etc.

7 Le contrôle de l'efficacité de la campagne de communication par les médias

L'assistant(e) de gestion contrôle les résultats attendus de la campagne concernant l'augmentation du chiffre d'affaires ou de prise de parts de marché par rapport aux concurrents.
Il est souhaitable de ne pas s'en tenir exclusivement à un niveau d'analyse quantitatif, il est également utile d'avoir des données qualitatives.

7.1 Le contrôle qualitatif

L'assistant(e) de gestion mesure l'impact de la campagne sur la cible. Pour cela, il/elle peut réaliser une enquête qui lui permettra de savoir par exemple par quel support les nouveaux clients ont connu l'entreprise ou le produit (presse, Internet, radio, affichage...).

7.2 Le contrôle quantitatif

a) La mesure de l'efficacité du plan média

L'assistant(e) de gestion utilise généralement les indicateurs suivants :

- **Taux de couverture** : % de la cible utile en contact avec le support
= (audience utile / population cible) × 100
- **Taux de répétition** : nombre moyen de messages vus par les personnes exposées pendant la campagne
- **Gross rating point** (GRP)
= taux de couverture × taux de répétition
- **Coût pour mille utiles** (CPM)
= (coût de l'insertion dans le média/audience utile) × 1 000

b) Le tableau de bord

Le tableau de bord est un document récapitulatif permettant de mesurer l'efficacité de la campagne de communication et les écarts de budget. Chaque indicateur fait l'objet d'une comparaison entre les objectifs prévisionnels et les objectifs atteints.

Exemple →

Indicateurs	Objectifs prévisionnels	Objectifs réalisés	Écarts
Budget publicitaire			
Chiffre d'affaires			
Parts de marché en volume			
Parts de marché en valeur			
Nombre de prospects			
Nombre de commandes			

S'entraîner

Exercice 1 Réaliser une campagne de communication par les médias

Vous êtes assistant(e) de gestion au sein de la savonnerie artisanale Provence Savons, située à Arles. Son activité consiste à créer des savons à partir d'huiles essentielles naturelles aux senteurs provençales. La distribution des produits se fait en vente directe au siège de la PME et sur le site marchand de l'entreprise.

La tendance actuelle vers le produit naturel et le produit écologique favorise la progression des ventes de la PME. Afin d'améliorer la notoriété de Provence Savons, votre chef d'entreprise souhaite réaliser une campagne de communication de 6 mois dans la presse mensuelle écrite, d'avril à septembre N. Il a choisi trois revues mensuelles potentiellement intéressantes. Son budget est de 15 500 €.

Travail à faire

1. Concevez dans les grandes lignes l'axe et le thème de votre message publicitaire.
2. Calculez le coût pour mille utiles afin de déterminer le ou les mensuels que vous allez contacter.
3. Présentez votre média planning.

Corrigé p. 212

Document

Informations sur les mensuels choisis

Mensuels choisis	Audience utile	Tarif de la 1/2 page
Mensuel A	49 875	1 650 €
Mensuel B	26 000	3 240 €
Mensuel C	31 569	1 398 €

Exercice 2 Évaluer les retombées d'une campagne de publicité

La société Lamarque est une PME qui commercialise des objets et cadeaux publicitaires (briquets jetables, porte-documents, stylos) auprès des artisans, commerçants et comités d'entreprise. Afin de se faire connaître, elle a réalisé l'année dernière une campagne de communication dans deux médias (en dehors du média traditionnel *Les Pages jaunes*) :

- le magazine *Le Monde des Artisans* ;

- un catalogue de produits publicitaires commercialisés, distribué par La Poste aux entreprises.

Travail à faire

1. À l'issue de la campagne, une enquête a été réalisée auprès de la cible (document 1). Vous analysez, dans un tableau, pour chaque catégorie de média, les résultats obtenus à la question : « Comment avez-vous connu notre société ? » Calculez :
- le pourcentage du nombre de commandes par rapport au total ;
- le pourcentage du CA par rapport au CA total ;
- le montant moyen par commande.

2. À partir du document 2, déterminez :
- le montant du budget de communication utilisé par média ;
- la part de chaque média par rapport au budget global de communication.

Corrigé p. 213

Document 1

Retombées de la campagne de communication

Comment avez-vous connu notre société ?	Nombre de contacts	Nombre de commandes	Montant des commandes (en €)
Anciens clients	1 310	1 305	783 450
Par recommandation (bouche-à-oreille)	1 360	1 280	618 200
Les Pages jaunes	2 250	1 110	321 900
Le Monde des Artisans	450	310	489 800
Catalogue distribué aux entreprises	890	825	321 750
Autres	130	115	43 700
	6 390	4 945	2 578 800

Document 2

Informations sur la campagne de communication

La campagne a nécessité l'insertion de 6 annonces publicitaires dans Le Monde des Artisans à 2 500 € HT l'annonce, et la distribution de 4 000 catalogues aux entreprises. La conception du catalogue a coûté 1 200 € HT, l'impression 700 € HT et la distribution 2 000 € HT.
La société fait également paraître une publicité d'un quart de page dans Les Pages jaunes pour un montant annuel de 3 000 € HT.

31 Communiquer par le parrainage

Mémoris

Le parrainage, ou sponsoring, est un outil de communication qui consiste à financer totalement ou partiellement un événement sportif, culturel, artistique, humanitaire ou autre en y associant le nom de la PME ou d'un produit. Le sponsoring est une alternative intéressante à la communication par les médias traditionnelle, parfois difficile à mettre en œuvre et très onéreuse pour la PME.

1 Les objectifs du parrainage

Le soutien financier ou logistique apporté par la PME à des manifestations ou projets a pour seul objectif d'en obtenir des retombées financières, c'est-à-dire une augmentation du chiffre d'affaires. Il s'agit d'une relation gagnant/gagnant mise en place entre les deux parties.

Exemple ➜ L'entreprise finance les maillots du club de football local en y apposant son logo et son identité visuelle.

2 Les résultats attendus

Plusieurs résultats sont attendus ;
– améliorer la notoriété : l'entreprise se fait connaître ;
– augmenter les ventes : l'entreprise peut proposer ses produits à la vente lors de la manifestation ;
– améliorer l'image : l'entreprise cherche à modifier la perception que les consommateurs ont de ses produits,

3 Le contrat de parrainage

Le contrat de parrainage permet de concrétiser l'accord entre la PME et l'organisation sponsorisée en précisant les obligations des parties :

- **L'identité des deux parties, l'objet** du contrat et **sa durée**.
- **Le soutien financier et/ou logistique.**
- **Les obligations** de l'organisation sponsorisée (diffusion de l'image de l'entreprise, accès privilégié aux manifestations, obligation éventuelle de non-concurrence et de confidentialité, adoption d'un comportement ne pouvant nuire au sponsor, etc.).
- **Une clause résolutoire** prévue au cas où l'une des parties manquerait à ses obligations.

S'entraîner

Exercice Le contrat de parrainage

La société Trinidad est une PME implantée à Brest en Bretagne, elle fabrique des biscuits de tradition locale. Pour renouveler sa communication en perte de vitesse, le chef d'entreprise, M. Paul Trinit, a décidé de sponsoriser une activité sportive très populaire dans la région : la voile. Pour cela, il a pris contact avec un skipper connu, Jacques Kerfone, de La Trinité-sur-Mer, qu'il souhaite parrainer (document).

Travail à faire

1. Rédigez les principales clauses du contrat de parrainage.
2. Précisez les actions à entreprendre avant le départ et le jour du départ de chaque course.

Corrigé p. 214

Document

Engagements avec le skipper Jacques Kerfone

Le skipper nous propose le contrat suivant : le nom et le logo de notre entreprise seront présents sur la voile de son bateau utilisé lors des courses qui auront lieu dans le courant de l'année prochaine : la Route du Rhum, la Transat en solitaire et la Course de l'Europe, mais également sur son véhicule personnel, ses vêtements et ceux de ses équipiers de courses.

Le contrat de parrainage se limitera dans un premier temps à ces trois courses. En cas d'impossibilité de participer à une des courses (sauf cas de force majeure), le skipper s'engage à rembourser la somme perçue pour la course non effectuée. Cette somme est fixée d'un commun accord à 10 000 € par course. La somme sera versée au plus tard 15 jours avant le départ de chaque course.

Le skipper s'engage à :

- une obligation de non-concurrence (ne pas représenter une marque concurrente agissant dans le même domaine d'activité) ;
- fournir à l'entreprise un accès privilégié au bateau lors du départ et de l'arrivée des courses.

Les parties s'engagent à ne pas communiquer les clauses du présent contrat à des tiers. Si une des parties manque à ses obligations contractuelles, le contrat de parrainage sera résilié.

En cas de litige, le tribunal de commerce de Brest est compétent pour juger.

32 Préparer une campagne de communication hors médias

Mémorise

Avec des outils moins onéreux que dans les campagnes de communication par les médias, la communication hors médias permet à la PME de réaliser des campagnes de mercatique directe, c'est-à-dire de pousser le produit vers le consommateur en le contactant de façon individualisée et personnalisée. Cette démarche est réalisable à partir d'une base de données commerciale, préalablement déclarée à la CNIL (Commission nationale de l'informatique et des libertés).

1 Les principaux outils de la communication hors médias

1.1 Le publipostage

a) Le principe

Le publipostage (mailing) consiste à envoyer à un grand nombre de consommateurs une lettre type personnalisée avec le nom, l'adresse et la qualité du destinataire afin de prospecter ou de fidéliser. Le publipostage est un moyen de communication qui permet de cibler le public choisi. Il doit attirer son attention, susciter son intérêt et pousser à l'achat.

b) Le contenu du publipostage

Le publipostage se compose de cinq éléments :

- **une enveloppe porteuse** qui respecte les éléments essentiels de l'identité visuelle de la PME (logo, couleurs, etc.) : elle attire l'attention du consommateur par son format original et son accroche ;
- **une lettre type** qui comporte une accroche, une offre commerciale, une promesse et une preuve. La lettre se termine par un post-scriptum qui reformule l'offre. La présentation est brève, claire et aérée, elle respecte l'identité visuelle de la PME. Les phrases sont courtes, elles contiennent une seule idée afin de ne pas semer la confusion dans l'esprit du lecteur ;
- **un coupon-réponse** qui incite la cible à répondre à l'offre. Il permet à l'assistant(e) de gestion de mesurer l'efficacité de sa campagne ;
- **un dépliant** qui complète les caractéristiques de l'offre, photos à l'appui, et comporte éventuellement les témoignages de clients satisfaits ;
- **une enveloppe de retour**, généralement affranchie. Libellée aux coordonnées de la PME, elle facilite les réponses.

L'assistant(e) de gestion peut décider d'envoyer le publipostage par courriel ; il s'agit alors d'un e-mailing.

1.2 Le prospectus

a) Le principe

Le prospectus est un document commercial très utilisé par les petites entreprises. Simple et peu onéreux, il permet de promouvoir les produits de la PME. Il peut prendre la forme d'un ISA (imprimé sans adresse) distribué dans la zone de chalandise. Il informe la cible des opérations publicitaires mises en œuvre. Toutefois, le recours massif à ce mode d'utilisation peut entraîner des réactions de rejet. Moins de 2 % des prospectus distribués se traduisent par une commande.

b) La structure du prospectus

Afin de réaliser un prospectus efficace, l'assistant(e) de gestion peut utiliser la méthode Aida pour construire son outil de communication :

- **Attention** : attirer l'attention du consommateur ;
- **Intérêt** : susciter son intérêt pour l'offre ;
- **Désir** : déclencher le désir, la curiosité, l'envie ;
- **Achat** : inciter à l'acte d'achat.

c) La présentation du prospectus

– Respecter l'identité visuelle de la PME.

– Choisir un format modeste (A4 ou A5).

– Utiliser des couleurs, des formes, des images, des photos, présentées de façon harmonieuse et aérée.

– Pas de surcharge, peu d'informations.

d) Le contenu du prospectus

– Identifier la PME : logo, raison sociale, adresse, coordonnées de la personne à contacter.

– Présenter l'offre commerciale : nom des produits, promesse. Il y a une seule offre par prospectus, elle est courte, claire et précise.

– Rédiger une accroche : le slogan est simple à mémoriser, il attire l'attention, il fait preuve d'originalité par rapport à la concurrence.

1.3 La mercatique téléphonique (phoning)

a) Le principe

La mercatique téléphonique permet d'entrer directement en contact avec la cible afin de lui proposer une offre. Ce type de communication hors médias est peu onéreux et simple d'utilisation. Toutefois, l'opération de phoning ne s'improvise pas : sa réussite dépend à la fois de sa structuration et de l'anticipation des objections susceptibles de surgir lors de l'entretien.

b) Les étapes de l'entretien téléphonique

- **La prise de contact** : la première étape consiste à se présenter en indiquant clairement son identité et la fonction occupée dans la société (exemple : « Bonjour, je suis M. XXX, responsable des ventes de la société Y. »).

Puis il est nécessaire d'identifier son interlocuteur et éventuellement de demander à parler à une personne précise (s'il y a un barrage ou si l'interlocuteur est absent, demander un rendez-vous téléphonique à une date et une heure qui conviennent).

- **La raison de l'appel** : cette étape est délicate, car elle consiste à présenter l'offre, mais c'est souvent à ce niveau que l'entretien téléphonique est rompu par le client. Il est donc indispensable de le mettre en confiance par une accroche et en lui présentant une argumentation susceptible de retenir son attention.

- **L'objectif de l'appel** : il s'agit de finaliser la proposition commerciale par l'envoi d'un devis, d'un catalogue, par la prise de rendez-vous ou par une commande.

- **La prise de congé** : que l'appel aboutisse ou non, il faut reformuler l'offre, remercier l'interlocuteur et le saluer avant de prendre congé.

c) L'argumentation

Afin de convaincre l'interlocuteur, l'assistant(e) de gestion doit préparer en amont un argumentaire qui respecte la règle des 3C :

- **Connaître** : il/elle doit parfaitement maîtriser l'historique et l'activité de la PME, mais également l'ensemble des produits proposés.

- **Convaincre** : la présentation de l'offre est structurée sur le modèle CAP (Caractéristiques, Avantages, Preuves), elle doit susciter l'intérêt de l'interlocuteur. L'assistant(e) de gestion reformule les attentes du client ; lorsqu'il y a des objections, il/elle répond par « oui… mais » et apporte une solution acceptable.

- **Conclure** : l'assistant(e) de gestion reformule l'offre afin d'obtenir le consentement de l'interlocuteur pour une commande, un devis, une demande de catalogue, un rendez-vous, etc., avant de prendre congé.

1.4 Les autres outils de la communication hors médias

L'assistant(e) de gestion dispose d'autres outils de mercatique directe tels que :
– la promotion des ventes qui consiste à mettre en œuvre des actions dans le but de pousser le produit vers les consommateurs : dégustations sur le lieu de vente, essais, bons de réduction, etc. ;
– les foires, salons, manifestations commerciales, journées portes ouvertes qui permettent de rencontrer la cible, de présenter l'offre, de proposer des dégustations, des ventes directes, etc.

2 Le bilan de la campagne de communication hors médias

Les outils de la mercatique directe sont généralement peu onéreux, mais il est toutefois nécessaire de chiffrer leur impact sur la cible visée et sur le chiffre d'affaires de la PME. L'assistant(e) de gestion dispose pour cela de plusieurs indicateurs appelés « ratios ».

2.1 Les indicateurs de l'efficacité du publipostage

Ratio du taux de retour	Ratio du taux de rendement
$\frac{\text{Nombre de réponses}}{\text{Nombre de courriers expédiés}} \times 100$	$\frac{\text{Nombre de commandes}}{\text{Nombre de courriers expédiés}} \times 100$

Ces deux ratios sont généralement très faibles.

2.2 Les indicateurs de l'efficacité de la distribution de prospectus

Ratio du taux de retour	Ratio du taux de rendement
$\frac{\text{Nombre de réponses}}{\text{Nombre de prospectus distribués}} \times 100$	$\frac{\text{Nombre de commandes}}{\text{Nombre de prospectus distribués}} \times 100$

Ces deux ratios sont eux aussi très faibles la plupart du temps.

2.3 Les indicateurs de l'efficacité du démarchage téléphonique

Ratio de validité du fichier	Ratio du taux de rendement
$\frac{\text{Nombre d'appels aboutis}}{\text{Nombre d'appels émis}} \times 100$	$\frac{\text{Nombre de commandes}}{\text{Nombre d'appels aboutis}} \times 100$
Un ratio élevé indique que le fichier est mis à jour régulièrement.	Un ratio faible indique qu'il faut revoir l'accroche.

2.4 Les indicateurs communs

Ratio de rentabilité	Montant moyen d'une commande
$\frac{\text{Marge commerciale réalisée}}{\text{Coût de l'opération}}$	$\frac{\text{Chiffre d'affaires réalisé}}{\text{Nombre de commandes reçues}}$
Ce ratio doit être largement supérieur à 1 pour que l'opération soit rentable.	

Exercice

Concevoir des outils de mercatique directe

S'entraîner

La société Serres de France est une PME installée à Limoges (87) depuis 1960. Elle fabrique des serres et des accessoires horticoles destinés aux pépiniéristes et aux agriculteurs. Le chef d'entreprise, M. Antoine, envisage de cibler une nouvelle clientèle : les particuliers.

En effet, M. Antoine vient de créer une gamme de serres de jardin, les techniques de fabrication de serres agricoles pouvant s'adapter sans difficulté à des volumes plus petits.

La nouvelle gamme comprend un modèle de base PRO 16 et quatre autres ensembles modulables : le PRO 32 L, le PRO 32 P, le PRO 8 P et le PRO 8 L.

Afin de faire connaître le produit auprès des clients particuliers, M. Antoine vous a demandé de réaliser une plaquette commerciale (document 2).

Il souhaite mettre en œuvre deux autres outils de communication :

– un prospectus à distribuer d'un format A5, imprimé en quatre couleurs, comportant la proposition commerciale de lancement (document 1) ;

– une lettre type à envoyer en publipostage aux propriétaires de jardins du département de la Haute-Vienne, dont il vient de se procurer la base de données sur le logiciel Access grâce à un revendeur spécialisé.

Travail à faire

1. Présentez dans les grandes lignes le contenu de votre prospectus.
2. Rédigez la lettre type qui sera expédiée en publipostage aux propriétaires de jardins du département de la Haute-Vienne.

Corrigé p. 215

Document 1

Proposition commerciale pour le lancement
de la serre de jardin Modèle Pro 16

Pour faire connaître ce nouveau produit, une remise de lancement de 15 % sera offerte pour toute commande enregistrée avant le 31 octobre N.

Document 2

Extrait de la plaquette commerciale
Serre en verre et en aluminium modulable
NOTRE GAMME DE SERRES DE JARDIN

Le modèle de base Pro 16
Largeur : 4 m
Longueur : 4 m
Surface au sol : 16 m²
Hauteur sous chéneau : 2,10 m

Détails de la serre :

- Châssis large couverture : 3 000 x 1 045 mm
- Profilé aluminium double vitrage
- Verre horticole, épaisseur 4 mm
- Porte aluminium coulissante avec serrure : 1,50 x 2 m
- Chéneau galvanisé : largeur 1,75 mm

Réalisée selon les normes en vigueur, notre serre assure une qualité et une solidité irréprochables. Entièrement en aluminium et en acier galvanisé à chaud, elle nécessite peu d'entretien et est facile à monter grâce à notre notice d'instructions.

Écran d'ombrage à tirage manuel

Utilisé pour moduler efficacement la température à l'intérieur de la serre, notre écran d'ombrage à tirage manuel protège du soleil fleurs et plantations dès le printemps et améliore, l'hiver, l'isolation contre le froid. Il permet ainsi des économies de chauffage.

La toile 100 % acrylique, très solide, possède des bandes de renfort en aluminium. Le double vitrage permet une protection optimale.

Les options disponibles

Nos profilés de vitrage permettent l'installation du double vitrage en toiture, en verre pour conserver 100 % de luminosité ou en polycarbonate alvéolaire translucide pour la solidité ; ce dernier isolant et incassable est très sécurisant.

Les autres options disponibles sont les suivantes : tablettes et étagères aluminium sur mesure, systèmes d'irrigation, lampes de croissance, chauffages électriques automatiques.

1 L'acquisition des immobilisations

Exercice (p. 11)

1. Tableau comparatif de calcul du coût d'entrée du matériel pour chaque proposition

Éléments	Ets JOLY	BIPLAN SA	INFOGRAF SUD
Traceur : prix de départ	12 300,00	12 500,00	12 000,00
Remise accordée (-)	615,00	0,00	0,00
Net commercial	11 685,00	12 500,00	12 000,00
Frais de mise en service (+)	0,00	300,00	0,00
Frais de port (+)	150,00	100,00	100,00
Montant HT	11 835,00	12 900,00	12 100,00
Escompte accordé (-)	236,70	0,00	242,00
Net financier HT	11 598,30	12 900,00	11 858,00

2. Sélection du matériel qui respecte tous les éléments du cahier des charges

Éléments	Ets JOLY	BIPLAN SA	INFOGRAF SUD
Net financier HT	11 598,30	12 900,00	11 858,00
Durée de la garantie d'au moins 2 ans	Oui	Non	Oui
Démonstration technique	Oui	Oui	Oui
Règlement 30 jours fin de mois	Oui	Oui	Oui
Escompte en cas de règlement comptant	Oui	Non	Oui
Formation dans les 5 jours de la mise en service	Non	Oui	Oui
Respect de la date de mise en service maximale prévue le 31 mai N	Oui	Non	Oui

Le matériel qui correspond le plus aux critères est celui de la société Infograf Sud.

2 Établir le plan d'amortissement

Exercice (p. 18)

1. Base amortissable de chaque matériel

Immobilisations	Valeur d'acquisition (1)	Valeur résiduelle (2)	Base amortissable (1) – (2)
Matériel industriel	13 000 €	Néant	13 000 €
Ordinateur	3 000 €	500 €	2 500 €
Mobilier	2 000 €	Néant	2 000 €
Installation de sécurité	2 500 €	Néant	2 500 €

2. La valeur résiduelle est la valeur de revente probable du bien en fin de durée d'utilisation.

3. La valeur résiduelle doit être prise en compte dès l'instant où l'on est capable de la mesurer. La société peut sans doute difficilement fixer une valeur résiduelle pour un matériel industriel, car il n'existe aucune garantie de revente en fin de durée d'utilisation (marché trop restreint). La valeur résiduelle est plus facile à fixer pour un véhicule automobile (argus).

4. Un amortissement linéaire permet de répartir les avantages économiques attendus d'un actif de manière constante sur sa durée d'utilisation, alors que l'amortissement technique répartit ces mêmes avantages sur l'utilisation effective du bien, qui peut varier selon les périodes. Ce dernier est donc le plus représentatif de la réalité.

5. Plan d'amortissement technique du matériel industriel

Nombre d'heures d'utilisation pour le matériel industriel :
10 000 + 13 000 + 13 500 + 13 500 = 50 000 heures.

Exercices comptables	Valeur brute	Valeur amortissable	Amortissements	Cumul	Valeur en fin d'exercice(4)
N	13 000	13 000	2 600(1)	2 600	10 400
N+1	13 000	13 000	3 380(2)	5 980	7 020
N+2	13 000	13 000	3 510(3)	9 490	3 510
N+3	13 000	13 000	3 510(3)	13 000	0

(1) 13 000 × 10 000/50 000.
(2) 13 000 × 13 000/50 000.
(3) 13 000 × 13 500/50 000.
(4) Valeur brute – cumul des amortissements.

Plan d'amortissement linéaire de l'ordinateur

Taux d'amortissement : 100/5 ans = 20 %.

Exercices comptables	Valeur brute	Valeur amortissable	Amortissements	Cumul	Valeur en fin d'exercice
N	3 000	2 500	500(1)	500	2 500
N+1	3 000	2 500	500	1 000	2 000
N+2	3 000	2 500	500	1 500	1 500
N+3	3 000	2 500	500	2 000	1 000
N+4	3 000	2 500	500	2 500	500

(1) 2 500 × 20 % = 500 € par an.

Remarque : la valeur en fin d'exercice en fin de durée d'utilisation est égale à la valeur résiduelle qui n'a pas été amortie.

Plan d'amortissement linéaire du mobilier

Prorata la première année : du 01/09/N (début du mois) au 31/12/N, soit 4 mois.

Prorata la dernière année : du 01/01/N+4 au 31/08/N+4, soit 8 mois.

Taux d'amortissement : 100/4 ans = 25 %.

Exercices comptables	Valeur brute	Valeur amortissable	Amortissements	Cumul	Valeur en fin d'exercice
N	2 000	2 000	167 (1)	167	1 833
N+1	2 000	2 000	500 (2)	667	1 333
N+2	2 000	2 000	500	1 167	833
N+3	2 000	2 000	500	1 667	333
N+4	2 000	2 000	333 (3)	2 000	0

(1) 2 000 × 25 % × 4/12 mois.

(2) 2 000 × 25 %.

(3) 2 000 × 25 % × 8/12 mois.

Plan d'amortissement dégressif de l'installation de sécurité

Prorata la première année : du 01/07/N (début du mois) au 31/12/N, soit 6 mois.

Exercices comptables	Valeur en début d'exercice	Taux calculé sur le nombre d'années restant à courir	Taux dégressif	Taux applicable (on retient le plus élevé)	Amortis-sements	Cumul	Valeur en fin d'exercice
N	2 500,00	100/5 = 20 %	35 % (1)	35 %	437,50 (2)	437,50	2 062,50
N+1	2 062,50 (3)	100/4 = 25 %	35 %	35 %	721,88 (4)	1 159,38	1 340,62
N+3	1 340,62 (3)	100/3 = 33,33 %	35 %	35 %	469,22 (5)	1 628,60	871,40
N+4	871,40 (3)	100/2 = 50 %	35 %	50 %	435,70 (6)	2 064,30	435,70
N+5	435,70 (3)	100/1 = 100 %	35 %	100 %	435,70 (7)	2 500,00	0,00

(1) 100/5 ans × 1,75.

(2) 2 500 × 35 % × 6/12 mois.

(3) Valeur reprise en fin d'exercice précédent.

(4) 2 062,50 × 35 % (taux le plus élevé).

(5) 1 340,62 × 35 % (taux le plus élevé).

(6) 871,40 × 50 % (taux le plus élevé).

(7) 435,70 × 100 % (taux le plus élevé).

3 Calculer le retour sur investissement

Exercice (p. 23)

1. Plan d'amortissement de la ligne de production

Exercices comptables	Valeur amortissable	Nombre d'heures	Amortissements	Cumul	Valeur en fin d'exercice
N	200 000	8 000	32 000[1]	32 000	168 000
N+1	200 000	15 000	60 000[2]	92 000	108 000
N+2	200 000	15 000	60 000[2]	152 000	48 000
N+3	200 000	12 000	48 000[3]	200 000	0

[1] 200 000 x 8 000/50 000.
[2] 200 000 x 15 000/50 000.
[3] 200 000 x 12 000/50 000.

2. Tableau des flux nets de trésorerie

Éléments	Fin N	Fin N+1	Fin N+2	Fin N+3
Chiffre d'affaires supplémentaire	120 000	300 000	350 000	230 000
– Matières et fournitures (40 % du CAHT)	-48 000	-120 000	-140 000	-92 000
– Charges d'entretien	-5 000	-5 000	-7 000	-10 000
– Charges de personnel	-20 000	-40 000	-40 000	-30 000
– Dotations aux amortissements	-32 000	-60 000	-60 000	-48 000
= Résultat net avant impôt	15 000	75 000	103 000	50 000
– Impôt sur les bénéfices (résultat x 1/3)	-5 000	-25 000	-34 333	-16 667
= Résultat net d'impôt	10 000	50 000	68 667	33 333
+ Dotations aux amortissements	32 000	60 000	60 000	48 000
= Flux nets de trésorerie	42 000	110 000	128 667	81 333
Flux nets de trésorerie cumulés	42 000	152 000	280 667	362 000

3. Délai de récupération du capital investi

On s'aperçoit que l'investissement de 200 000 € est récupéré au cours de la troisième année d'exploitation (N+2).
Chiffre d'affaires mensuel de la troisième année : 350 000/12 mois = 29 167 €.
Différence entre le montant de l'investissement (200 000 €) et le cumul des flux nets de trésorerie à la fin de la deuxième année (152 000 €) = 48 000 €.
Nombre de mois nécessaires pour couvrir des flux nets de trésorerie de 48 000 € : 48 000/29 167 = 1,64 mois, soit 1 mois et 20 jours environ (64 % de 30 jours).
Le délai de récupération du capital investi devrait se situer autour du 20 février de la troisième année d'exploitation.

4 Choisir les modes de financement des immobilisations

Exercice (p. 27)

1.

FNT avec incidence du financement par emprunt partiel

Éléments	Fin N	Fin N+1	Fin N+2	Fin N+3
Chiffre d'affaires supplémentaire	120 000	300 000	350 000	230 000
– Charges (hors amortissements)	-73 000	-165 000	-187 000	-132 000
– Charges d'intérêts	-2 250	-1 724	-1 174	-600
– Dotations aux amortissements	-32 000	-60 000	-60 000	-48 000
= Résultat net avant impôt	12 750	73 276	101 826	49 400
– Impôt sur les bénéfices (résultat x 1/3)	-4 250	-24 425	-33 942	-16 467
= Résultat net d'impôt	8 500	48 851	67 884	32 933
– Remboursement du capital emprunté	-11 687	-12 213	-12 763	-13 337
+ Dotations aux amortissements	32 000	60 000	60 000	48 000
= Flux nets de trésorerie	28 813	96 638	115 121	67 596
Flux nets de trésorerie cumulés	28 813	125 451	240 572	308 168

FNT avec incidence du financement par crédit-bail

Éléments	Fin N	Fin N+1	Fin N+2	Fin N+3
Chiffre d'affaires supplémentaire	120 000	300 000	350 000	230 000
– Charges (hors amortissements)	-73 000	-165 000	-187 000	-132 000
– Charges de crédit-bail	-65 000	-65 000	-65 000	-65 000
= Résultat net avant impôt	-18 000	70 000	98 000	33 000
– Impôt sur les bénéfices (résultat x 1/3)	0(1)	-23 333	-32 667	-11 000
= Résultat net d'impôt	-18 000	46 667	65 333	22 000
= Flux nets de trésorerie	-18 000	46 667	65 333	22 000
Flux nets de trésorerie cumulés	-18 000	28 667	94 000	116 000

(1) Aucun impôt à payer en raison de la perte d'exploitation dégagée la première année.

2. Bien que le financement par emprunt partiel diminue les FNT (308 168 € au lieu des 362 000 € sans incidence du mode de financement), l'investissement financé par emprunt partiel reste rentable car nettement supérieur au coût d'acquisition initial (200 000 €).

En revanche, le fait d'envisager un financement par crédit-bail entraîne une chute très importante des FNT qui passent de 362 000 € hors incidence du mode de financement à 116 000 €. Dans ces conditions, l'investissement n'est plus du tout rentable.

5 Analyser le bilan et le compte de résultat

Exercice (p. 33)

1. Le FRNG est largement positif et augmente en N. Si le BFR est positif (ce qui traduit des besoins de financement du cycle d'exploitation), il reste inférieur au FRNG et sa progression est moins rapide. Ceci entraîne *de facto* une trésorerie positive et qui s'accroît de 50 % d'une année à l'autre.
L'analyse des SIG fait apparaître une forte croissance de chacun d'eux entre les exercices N-1 et N. Le chiffre d'affaires a progressé de plus de 13 % en une année et le résultat net d'impôt a bondi de plus de 11 %. Même si la capacité d'autofinancement a augmenté moins vite, elle n'en reste pas moins assez abondante et supérieure au résultat net. Seul le ratio de marge bénéficiaire a légèrement reculé, mais il n'en demeure pas moins satisfaisant.

2. Au vu des excellents résultats dégagés et de leur évolution positive d'une année à l'autre, il serait très étonnant que la banque refuse d'accorder le prêt. De plus, l'emprunt n'est que de 50 000 € sur un investissement total prévu de 200 000 €, soit le quart de l'investissement. Ce qui signifie que les trois quarts de l'investissement seront financés par les marges dégagées par l'entreprise.

3. Au vu des résultats bénéficiaires dégagés et surtout de l'importance de la capacité d'autofinancement (510 000 € en N), l'entreprise pourrait financer la totalité de l'investissement (200 000 €). Toutefois, elle a certainement eu recours à l'emprunt partiel pour préserver une partie de sa trésorerie en cas d'imprévu.

6 Gérer les moyens de paiement et le compte bancaire

Exercice (p. 38)

1. L'état de rapprochement bancaire permet de rapprocher, à une même date, le solde du compte « 512 Banque » tenu par l'entreprise et celui figurant sur le relevé bancaire expédié par la banque.

2. Le chèque est le moyen de paiement le plus utilisé par l'entreprise. Il présente le risque du défaut de paiement (chèque sans provision).

3. État de rapprochement bancaire

Étape 1 : les soldes en début de mois sont différents (8 430 € chez l'entreprise, 8 900 € sur le relevé bancaire). La différence, soit 470 €, correspond au chèque n° 411453 qui a été enregistré dans les comptes de l'entreprise le mois précédent (novembre) mais porté sur le relevé bancaire seulement en décembre. Cette somme ne doit pas figurer dans l'état de rapprochement.

Étape 2 : il faut pointer les sommes identiques entre le compte banque et le relevé :

- remise de chèques du 02/12 .... 1 800
- remise de chèques du 03/12 .... 1 200
- chèque n° 411458 du 05/12 .... 2 600
- remise de chèques du 07/12 .... 2 220
- chèque n° 411460 750
- virement au fournisseur One Ice 2 500
- remise de chèques du 21/12 .... 1 200
- chèque n° 46146 .... 2 000

Étape 3 : le chèque n° 411459 est porté au crédit du compte « 512 Banque » pour 698 € alors qu'il est égal à 689 € sur le relevé bancaire (inversion de chiffres). Les sommes portées sur le relevé bancaire étant exactes, il faut rectifier l'erreur dans les comptes de l'entreprise pour la différence (9 €).

Les chèques n° 411461 (600 €) et 411463 (500 €) ne figurent pas sur le relevé bancaire : il faut donc rectifier l'oubli sur le relevé bancaire.

Le prélèvement de la téléphonie mobile ne figure pas dans le compte « 512 Banque » : il faut donc le porter dans les comptes de l'entreprise.

Il existe une inversion de chiffres entre la remise de chèques du 15/12/N portée dans les comptes de l'entreprise pour 5 830 € alors qu'elle figure sur le relevé bancaire pour 5 380 €. La différence de 450 € doit être rectifiée dans les comptes de l'entreprise (au crédit pour porter la somme débitrice de 5 830 € à 5 380 €), puisque les sommes figurant sur le relevé bancaire sont exactes.

État de rapprochement bancaire au 31/12/N

Opérations bancaires	Compte 512 - Banque		Relevé bancaire	
	Débit	Crédit	Débit	Crédit
Solde au 31/12/N	13 384			10 618
Remise de chèques du 28/12				2 352
Erreur sur chèque n° 411459	9			
Chèque n° 411461			600	
Chèque n° 411463			500	
Prélèvement téléphonie		1 073		
Erreur sur remise de chèques		450		
Soldes rectifiés		11 870	11 870	
Totaux	**13 393**	**13 393**	**12 970**	**12 970**

7 Établir le budget prévisionnel de trésorerie

Exercice (p. 44)

1. Budget prévisionnel des encaissements

Éléments	Janvier	Février	Mars
Créances clients au bilan	150 000	80 000	
Ventes de janvier TTC[1]	62 400		124 800
Ventes de février TTC		49 200	
Ventes de mars TTC			62 400
Total des encaissements	212 400	129 200	187 200

[1] Ventes TTC de janvier : 156 000 × 1,20 = 187 200 €.
187 200 × 1/3 = 62 400 en janvier, le reste en mars, soit 187 200 × 2/3 = 124 800 €.
Le raisonnement est identique pour les mois de février et mars.

Sous-budget de la TVA à décaisser

Éléments	Janvier	Février	Mars
TVA collectée sur ventes[1]	31 200	24 600	31 200
– TVA déductible sur achats[2]	-12 600	-12 000	-13 200
– TVA déductible sur achats d'immobilisation[3]		-10 000	
= TVA à décaisser	18 600	2 600	18 000
Mois de paiement de la TVA	Février	Mars	Avril

[1] Ventes HT × 20 %.
[2] Achats HT × 20 %.
[3] 50 000 × 20 %.

Budget prévisionnel des décaissements

Éléments	Janvier	Février	Mars
Fournisseurs bilan	75 000		
Achats et charges externes TTC[1]		75 600	72 000
Achat d'immobilisation TTC		60 000	
Salaires	56 000	56 000	56 000
Charges sociales[2]	22 000	22 400	22 400
TVA à décaisser	10 000[3]	18 600	2 600
Total des décaissements	163 000	232 600	153 000

[1] Les achats TTC sont payés le mois suivant leur facturation. Achats TTC de janvier : 63 000 x 1,20 = 75 600 € (payés en février). Raisonnement identique pour les autres mois.
[2] Les charges sociales sont réglées le mois suivant les salaires.
Charges sociales à payer en janvier : 22 000 € (dans la balance au 31/12/N-1).
Charges sociales à payer en février : 56 000 x 40 % = 22 400 €. Raisonnement identique pour les autres mois.
[3] La TVA à payer en janvier N est celle de décembre N-1 qui figure dans la balance au 31/12/N-1 pour la somme de 10 000 €.

Budget prévisionnel récapitulatif de trésorerie

Éléments	Janvier	Février	Mars
Solde initial de trésorerie	33 500[1]	82 900	-20 500
+ Encaissements	212 400	129 200	187 200
– Décaissements	-163 000	-232 600	-153 000
= Solde final de trésorerie	82 900	-20 500	13 700

[1] Le solde initial de trésorerie se trouve dans la balance au 31/12/N-1 : 33 500 €.

2. Le déficit de trésorerie du mois de février provient de l'acquisition de l'immobilisation d'un montant TTC de 60 000 €. Cet investissement aurait dû faire l'objet d'un financement particulier (emprunt, par exemple), mais l'entreprise a décidé d'effectuer un paiement au comptant.
Pour éviter un recours au découvert bancaire et donc supporter des frais financiers, l'entreprise pourrait envisager un paiement étalé de l'immobilisation sur les mois de février et mars, avec l'accord du fournisseur concerné. Cela éviterait le déficit du mois de février.

8 Gérer les placements et les crédits à court terme

Exercice (p. 49)

1. Coût total envisagé pour le financement de la trésorerie sur la période d'avril à juin N
Il est précisé que :
- chaque déficit de trésorerie est atteint à la fin du mois et persiste jusqu'à la fin du mois suivant ;
- que le déficit du début du mois de juin devrait être résorbé vers le 15 juin.

Tableau du coût total du financement

Modes de financement	Avril	Mai	Juin
Ligne d'escompte	20 000	20 000	20 000
Coût de l'escompte (I)	117[1]	117[1]	58[2]
Découvert bancaire	8 880	27 480	12 450
Coût du découvert (II)	81[3]	252[4]	57[5]
Commission du plus fort découvert (III)		27[6]	
Coût total du financement (I+II+III)	198	396	115

[1] 20 000 × 7 % × 1/12 mois = 117 €.
[2] 20 000 × 7 % × 0,5/12 mois = 58 €.
[3] 8 880 × 11 % × 1/12 mois = 81 €.
[4] 27 480 × 11 % × 1/12 mois = 252 €.
[5] 12 450 × 11 % × 0,5/12 mois = 57 €.
[6] 27 480 × 0,10 % = 27 €.
Coût total du financement : 198 + 396 + 115 = 709 €.

2. Action sur le délai de crédit consenti à la clientèle et sur celui accordé par les principaux fournisseurs

Au niveau du crédit client

La société commercialise ses fruits et légumes essentiellement auprès des grandes surfaces commerciales. En raison de leur position dominante sur le marché de la distribution dans ce secteur, il semble très peu probable de pouvoir agir sur le délai de crédit consenti à ce type de clients, en sachant que ce sont les grandes surfaces commerciales qui très souvent fixent à la fois les prix des produits et les délais de règlement.

Au niveau du crédit fournisseur

Il est précisé que les principaux fournisseurs sont le personnel, les organismes sociaux pour les cotisations sociales et l'État pour les impôts et taxes. Il semble très difficile de retarder le paiement des salaires : cela aurait un impact négatif sur l'ensemble des salariés et pourrait remettre en cause la productivité du personnel. Quant aux organismes sociaux et au Trésor public, il est toujours possible de demander des délais de paiement supplémentaires en raison de difficultés passagères. Mais ces délais sont souvent accordés dans le cadre d'une aide de l'État aux entreprises agricoles.

Globalement, le coût du déficit de trésorerie s'élève à environ 700 € sur une période de 3 mois environ (de fin mars à mi-juin). Si cela représente une charge supplémentaire pour l'entreprise, le coût final reste modeste en regard des mouvements de trésorerie. Il est donc souhaitable de recourir à ce mode de financement sans envisager d'agir sur le crédit interentreprises.

9 Respecter les formalités en matière d'embauche

Exercice (p. 53)

Comparaison chiffrée entre les deux solutions

Coût de la contribution			Coût de l'emploi d'un travailleur handicapé			
Taux brut SMIC horaire	**Nbre**	**Total**		**Taux brut SMIC horaire**	**Nbre**	**Total**
9,67	1 500	14 505	Salaire brut hebdomadaire	9,67	24	232,08
			Charges patronales hebdomadaires		45,90 %	106,52
			Salaire annuel	338,60	52	17 607,2
Total		**14 505**	**Total**			**17 607,2**

Afin de répondre aux obligations en matière d'embauche d'un travailleur handicapé, deux solutions s'offrent à Collines :

1. S'acquitter d'une contribution de 14 505 € annuelle.

2. Recruter un travailleur handicapé pour une charge salariale annuelle 17 607,2 €.

Bien que la contribution présente un coût moindre (3102,2 €), nous proposons de retenir l'embauche d'un travailleur handicapé pour les raisons suivantes :
- un travailleur de plus dans l'entreprise qui réalise les activités demandées (augmentation de la production) ;
- un apport de compétences nouvelles ;
- une valorisation de l'image sociale de l'entreprise notamment auprès des collectivités locales (nouvelle cible de développement) ;
- un impact local : création d'un emploi local.

10 Identifier les besoins en recrutement

Exercice (p. 58)

1. Document 4 complété

Capacités				
Qualifications	1	2	3	4
Formation generale[1]		B	x	
Formation professionnelle[2]		B	x	
Expérience professionnelle[3]				B
Aptitudes professionnelles[4]	–1	2	3	4 +
Logiciel de traitement de texte				x B
Logiciel de gestion de relation clientèle		B		x
Connaissance du secteur de l'habitat			x	B
Techniques de vente				x B
Connaissances informatiques			B	x
Travail en équipe				x B
Sens des responsabilités				x B
Organisation, autonomie, capacité d'adaptation				x B
Esprit d'initiative				x B
Aptitudes personnelles	–1	2	3	4 +
Dynamisme, disponibilité				x B
Mobilité				x B
Sensibilité client, capacité d'écoute				x B
Présentation				x B
Facilité d'expression				x B
Curiosité d'esprit				x B
Bon relationnel				x B
Motivation pour ce poste				x B

Profil type (X). Profil de Mme Bayou (B).
(1) 1 = niveau bac ; 2 = bac : 3 = bac + 2 ; 4 = bac + 3 et plus.
(2) 1 = CAP/BEP : 2 = bac professionnel ; 3 = BTS ou DUT : 4 * licence professionnelle.
(3) 1 = aucune ; 2 = entre 1 et 2 ans : 3 = entre 3 et 4 ans ; 4 = 5 ans et plus.
(4) – 1 indique les points négatifs, 4 + indique les points positifs, la moyenne se situe entre 2 et 3.

2.

Émetteur : Assistant(e) de gestion
Destinataire : M. Delmas, Directeur commercial
Date du jour
Objet : promotion interne
Pièce jointe : Fiche d'évaluation de la candidature de Mme Bayou

Note relative à l'éventuelle promotion de Mme Bayou

Dans le cadre de la politique de gestion des carrières pratiquée au sein de notre société visant à favoriser la promotion interne, je vous soumets le cas de Mme Bayou.
Mme Bayou occupe chez nous un poste d'assistante d'agence depuis 5 ans. Elle donne entière satisfaction et a déjà remplacé un commercial.
Son responsable de réseau a remarqué son aptitude à la négociation. Elle a suivi une formation commerciale à la base (baccalauréat professionnel option vente) et elle connaît maintenant le secteur de l'habitat du fait de son expérience professionnelle dans notre société.
Mme Bayou a cependant un point faible : la maîtrise des logiciels, notamment le logiciel de relation clientèle. Mais, considérant sa motivation et sa disponibilité et compte tenu de la formation informatique qu'elle va recevoir, elle est à mon sens parfaitement capable d'améliorer son niveau dans ce domaine.
C'est la raison pour laquelle je recommande la promotion de Mme Bayrou pour un poste de commerciale.
Je me tiens à votre disposition pour tout renseignement complémentaire.

L'assistant(e) de gestion

11 Suivre une procédure de recrutement

Exercice 1 (p. 66)

FLEXPACKAGING	Guide d'entretien		
Nom du candidat			
Première étape : expérience du candidat			
Expérience professionnelle	Réponse	Pertinente	Non pertinente
Produit(s) vendus(s)			
Type de clientèle			
Nature du poste			

Expérience professionnelle	Réponse	Pertinente	Non pertinente
Zone géographique			
Pourcentage du temps de prospection dans le temps de travail			
Nombre de visites par jour/semaine/mois			
Méthodes de vente			
Aide à la vente			
Réseau de connaissances			
Logiciels utilisés			
Expérience extraprofessionnelle			
Activités – sportives – culturelles – sociales			
Deuxième étape : compétences dans l'action			
Client : confiance			
Comment avez-vous gagné cette confiance ?			
Comment l'avez-vous évaluée ?			
Comment l'avez-vous fait fructifier ?			
Quels enseignements en avez-vous tirés ?			
Client : échec			
Quelles en étaient les causes ?			
Quelles en ont été les conséquences ?			
Comment avez-vous pallié ces difficultés ?			
Quels enseignements en avez-vous tirés ?			
Appréciation globale			

Exercice 2 (p. 67)

Temps passé pour le recrutement par chacun des intervenants

RAP	Définition du poste : 60 minutes Sélection des candidatures : 5 minutes x 60 candidats : 300 minutes Entretien et correction des tests, par candidat retenu : 60 minutes
Assistant(e) de gestion	Rédaction de l'annonce : 40 minutes Liste des candidats : 30 minutes Publipostage des lettres types : 60 minutes
DG	Choix final : 120 minutes

Éléments de coûts salariaux

Intervenant	Salaire brut	Salaire avec charges patronales	Coût à la minute
RAP	3 850 €	3 850 + 143 % = 5 505,50 €	(5 505,50/151,67)/60 = 0,60 €
Assistant(e) de gestion	1 800 €	1 800 + 143 % = 2 574 €	(2 574/151,67)/60 = 0,28 €
DG	6 000 €	6 000 + 143 % = 8 580 €	(8 580/151,67)/60 = 0,94 €

Frais d'impression évalués à 50 € TTC, soit 41,66 € HT

Calcul du coût du recrutement d'un commercial

Étapes de recrutement	Temps (en minutes)	Intervenant concerné	Détail des calculs	Montant
Définition du poste	60	RAP	60 × 0,60	36
Rédaction et saisie de l'annonce	40	AG	40 × 0,28	11,20
Support de l'annonce				500
Sélection	300	RAP	300 × 0,60	180
Liste des candidats	30	AG	30 × 0,28	8,40
Publipostage	60	AG	60 × 0,28	16,80
Entretien et correction des tests	60	RAP	60 × 24 candidats (40 % des candidats sont retenus) = 1 440 × 0,60	864
Décision finale	120	DG	120 × 0,94	112,80
Frais d'impression				41,66
			Total	1 771

12 Favoriser l'intégration d'un salarié

Exercice (p. 71)

Sommaire du futur livret d'accueil

I Notre entreprise

1. Mot de bienvenue du directeur
2. Qui sommes-nous ?
   Organigramme
   Notre métier
   Nos valeurs, notre éthique
   Nos relations avec le client

II L'entreprise et vous

1. Votre arrivée dans l'entreprise
2. Les formalités d'embauche
3. Les horaires, congés, absences
4. Le règlement intérieur et la convention collective

III Votre sécurité et celle de nos clients

1. La formation
2. Les risques au travail
3. Les consignes de sécurité

13 Assurer le suivi administratif du personnel

Exercice 1 (p. 75)

À l'attention de Kevin Mansour — Date du jour

Objet : les modalités de prise du congé de paternité

Monsieur,

Vous souhaitez avoir des renseignements concernant une éventuelle prise de congé de paternité à l'occasion de la naissance de vos enfants jumeaux ; voici les modalités d'obtention de ce congé.

Le congé de paternité est un congé ouvert à tout salarié à l'occasion de la naissance d'un enfant, et ce quelle que soit votre situation familiale. Ce congé est d'une durée maximale de 11 jours consécutifs ou 18 jours consécutifs pour une naissance multiple ; les samedis, dimanches et jours fériés sont inclus dans le décompte. Ce congé s'ajoute aux 3 jours légaux d'absence et doit être pris dans les 4 mois qui suivent la naissance de l'enfant, sans pouvoir être fractionné.

Lors de ce congé, vous toucherez une indemnité journalière qui selon les informations dont je dispose, pourrait s'élever à 36,92 € ; ce montant vous sera indiqué plus précisément par la caisse d'assurance maladie qui vous versera cette indemnité.

Si vous êtes intéressé par la prise de ce congé, vous devrez me l'indiquer 1 mois avant la date souhaitée, sous forme de lettre recommandée avec accusé de réception. Vous devrez également fournir à votre caisse d'assurance maladie une copie de l'acte de naissance des enfants ou une copie du livret de famille mis à jour.

N'hésitez pas à me contacter si vous souhaitez plus d'informations.

Assistant(e) de gestion

Exercice 2 (p. 77)

1. Analyse des dossiers

		Justification
Personne habilitée à utiliser les dossiers	Le gérant Les secrétaires Les comptables Le DRH	Connaissance du personnel Gestion du courrier interne ou externe Préparation de la paie Gestion du personnel
Documents qui composent chaque dossier	Recrutement Salaires Formation Absences et congés Visites médicales Sanctions	Regroupement de tous les documents relatifs à chaque salarié depuis son embauche
Rangement des dossiers	Dans le bureau du DRH	Nouveau service qui gère les dossiers du personnel
Consultation des dossiers	Dans le bureau du DRH	Confidentialité des dossiers
Périodicité d'utilisation des dossiers	Selon les besoins de la mise à jour Au moins une fois par mois pour la préparation de la paie	Création ou modification d'un dossier Consultation des absences, heures supplémentaires, calcul des primes
Nombre de dossiers	49 dossiers	49 salariés actuellement

2. Les dossiers du personnel peuvent être classés par ordre alphabétique, car il y a peu d'évolution dans le classement et il est assez facile et rapide de trouver un dossier avec cette organisation. En revanche, à l'intérieur de chaque dossier, il est nécessaire de procéder à un classement par thèmes (recrutement, salaires, formation, absences et congés, visites médicales, sanctions), avec un classement chronologique pour chaque thème.

Matériel à utiliser

Comme les dossiers doivent être rangés dans une armoire, ils seront de préférence suspendus. Chaque dossier suspendu comprendra six sous-chemises (une par thème) de couleurs différentes, la couleur permettant d'identifier rapidement le sous-dossier.

3. Les contrats de travail sont en effet uniques. On peut prévoir de les faire signer en trois exemplaires : un pour l'entreprise, un pour le salarié et un exemplaire de sauvegarde, ce dernier étant stocké dans un local externe à l'entreprise (procédure assez lourde et onéreuse). On peut aussi envisager de numériser ces documents et de les archiver électroniquement sur un site Internet qui propose ce type de service. (Il subsiste néanmoins un risque de piratage informatique.)

14 Gérer le temps de travail

Exercice (p. 82)

1. Les nécessités de service exigent la présence d'au moins une personne de chaque catégorie (cadre, secrétaire, comptable et assistant(e) de gestion) durant la période du 26 juillet au 15 août inclus (semaines 32, 33 et 34). La contrainte est respectée pour toutes les catégories, sauf celle des cadres, puisque la semaine 33 est demandée par les deux cadres. Mme Algeraud est prioritaire sur cette semaine, car elle est mère de deux enfants scolarisés. La semaine 33 demandée par M. Rogeri sera donc reportée sur la semaine 29 (5 au 9 juillet inclus).

2. Planning prévisionnel des congés payés des semaines 24 à 41

Salariés	Juin					Juillet				Août					Septembre			
	24	25	26	27	28	29	30	31	32	33	34	35	36	37	38	39	40	41
Cadres																		
1. Rogeri Paul																		
2. Algeraud Suzanne																		
Assistant(e) de gestion																		
3. Nom et prénom																		
Comptables :																		
4. Sylvon Pierre																		
5. Agacio André																		
6. Grand Pauline																		
7. Girard Amandine																		
Secrétaires :																		
8. Tanz Julie																		
9. Puget Hélène																		
10. Lepat Annie																		

Période de présence minimum obligatoire (semaines 32, 33, 34).

Congés payés.

15 Préparer les éléments de la paie

Exercice 1 (p. 86)

1. Tableau de suivi des heures supplémentaires

Salarié X	35 heures/semaine					Mois		
	Lundi	Mardi	Mercredi	Jeudi	Vendredi	Cumul	HS à +25 %	HS à +50 %
Semaine 1	8	9	10	10	8	45	8	2
Semaine 2	8	9	9	10	9	45	8	2
Semaine 3	7	8	7	7	7	36	1	
Semaine 4	8	8	7	8	7	38	3	
Total mensuel							20	4

2. Montant des heures supplémentaires

20 heures supplémentaires à 125 %	10 HS payées	(12 € × 125 %) × 10 = 150 €
	10 HS en RCR	10 × 125 % = 12 heures 30 minutes
4 heures supplémentaires à 150 %	2 HS payées	(12 € × 150 %) × 2 = 36 €
	2 HS en RCR	2 × 150 % = 3 heures

Exercice 2 (p. 87)

M. Lavon travaille dans la société depuis 12 ans. Sa prime d'ancienneté s'élève donc à 5 % de son salaire mensuel de base. Prime d'ancienneté : 1 515 × 5 % = 75,75 €. La prime d'objectif se calcule par tranche de commandes effectuées au cours du mois précédent. Le détail des calculs est indiqué dans le tableau suivant :

Tranches des commandes	Calcul	Montant (en €)
De 0 à 13 000 €	13 000 × 2 %	260,00
De 13 000 à 17 000 €	(17 000 – 13 000) × 3 %	120,00
De 17 000 à 23 000 €	(23 000 – 17 000) ×4 %	240,00
De 23 000 à 30 000 €	(30 000 – 23 000) × 5 %	350,00
Au-delà de 30 000 €	(30 480 – 30 001) × 6 %	28,80
Montant de la prime d'objectif au mois de juin		998,80

Le montant du salaire brut de M. Lavon pour le mois de juin est donc égal à :

Salaire mensuel de base	1 515,00
Prime d'ancienneté	75,15
Prime d'objectif	998,80
Salaire mensuel brut (en €)	2 588,95

16 Réaliser des déclarations sociales

Exercice 1 (p. 91)

1.

• *Au niveau de la prime d'efficacité*

Cette prime fait l'objet d'une double répartition :

- au prorata du nombre de salariés de l'équipe (8 en tout) ;
- au prorata du nombre de mois travaillés depuis le début de l'année.

C'est sur ce dernier point que se situe l'explication de la faiblesse du montant de la prime de M. Bellad. En effet, chaque salarié de l'équipe de travaux voirie doit percevoir : 5 520 / 8 = 690 €. Ces 690 € de prime sont accordés à chaque salarié de l'équipe, mais au prorata du nombre de mois dans l'année. M. Bellad ayant été embauché au début du mois de septembre, il a droit à une prime proportionnelle au nombre de mois travaillés, soit 4.

Montant de la prime : 690 / 12 mois × 4 mois = 230 €.

• *Au niveau de la retenue pour absence*

M. Bellad n'a été absent effectivement qu'une demi-journée, le 12 décembre. Toutefois, faisant partie de l'équipe du matin qui travaille de 6 heures à 13 heures, il a bien manqué 7 heures, ce qui correspond à une journée de travail.

2.

Monsieur,

Suite à notre récent entretien, je suis en mesure de vous fournir les explications demandées quant à certains points litigieux de votre bulletin de paie.

Le montant de la prime d'efficacité est exact. Si le montant par membre de l'équipe de travaux voirie s'élève effectivement à 690 €, ce montant est annuel. Or, vous n'avez intégré notre société que depuis le mois de septembre, vous avez donc droit à 4/12 de cette prime, soit 230 €.

Votre retenue d'heures relative à votre absence du 12 décembre est aussi correcte. Faisant partie de l'équipe du matin (6 h – 13 h), vous avez bien été absent 7 heures, ce qui compte pour une journée de travail.

La base de calcul de la CSG et de la CRDS est égale à 98,25 % du salaire brut, car on pratique un abattement de 1,75 %. La base de calcul est bien égale à : 1 900,54 × (100 – 1,75 %) = 1 867,28 €.

La base de calcul de la retraite complémentaire est effectivement la tranche A (salaire plafond de la Sécurité sociale), mais à condition que le montant de votre rémunération soit supérieur à ce salaire plafond, ce qui n'est pas le cas. Dans ces conditions, la base de calcul des cotisations reste le salaire brut. De même, si les calculs relatifs à la tranche B (tranche qui dépasse le salaire plafond) n'ont pas été effectués, c'est en raison de l'absence de dépassement de votre rémunération par rapport au salaire plafond.

Le salaire net imposable est le salaire que vous déclarez à l'Administration fiscale pour le calcul de l'impôt sur le revenu. Si ce dernier est supérieur au salaire net à payer, c'est du fait qu'une partie de la CSG et la CRDS n'est pas déductible de la base d'imposition soumise à l'impôt sur le revenu. Cette cotisation non déductible fait l'objet d'une réintégration par rapport à votre salaire net à payer.
Salaire net imposable : 1 479,38 + 54,15 = 1 533,53 €.
Je me tiens à votre disposition pour tout renseignement complémentaire.

L'assistant(e) de gestion

Exercice 2 (p. 93)

L'indemnité de congés payés sera l'indemnité la plus avantageuse après comparaison selon les deux méthodes de calcul possibles.

• *Méthode du 1/10* :
Calcul de la rémunération totale brute perçue pendant la période de référence :
(2 200 € × 12) + 300 € + 250 € = 26 950 €
26 950 × 10 % = 2 695 €
(2 695 € / 30 jours ouvrables de droits acquis) × 5 jours de congés payés pris en février : 449,17 €.
Rappel : *un salarié acquiert 2,5 jours ouvrables de droits* à congés *par mois de travail effectif, soit 30 jours.*

• *Méthode du maintien du salaire* :
En janvier, le salarié a perçu son mois de salaire et 54,40 € d'heures supplémentaires, soit une rémunération de : 2 200 € + 54,40 € = 2 254,40 €
Au mois de février, on décompte 21 jours de travail effectif (5 jours × 4 semaines + 1 jour)
(2 254,40/21) × 5 jours de congés pris = 536,76 €
Ce sera donc la méthode du maintien du salaire qui devra être retenue.

17 Préparer et suivre les actions de formation

Exercice (p. 97)

1. Calcul de la masse salariale et détermination du montant de la contribution formation

Salariés en CDI						
NOM	**BASE**	**Brut horaire**	**Brut mensuel**	**Quantité**	**MONTANT**	
MAURER Élise	Mensuelle		1 650,00	12	19 800,00	
MARCEL Jane	Mensuelle		1 550,00	12	18 600,00	
JEHL Pauline	Mensuelle		1 550,00	10	15 500,00	arrivée le 1/03
DUPON Marie	Mensuelle		1 550,00	12	18 600,00	
OHNET Roland	Mensuelle		1 590,00	11	17 490,00	1 mois sans solde
GENSEL Alexandre	Mensuelle		1 570,00	12	18 840,00	
	HS à 25 %	12,94		15	194,09	8 h 1re semaine et 7 h 3e semaine
	HS à 50 %	15,53		4	62,11	4 h 1re semaine
ROBERT Christine	Mensuelle		1 550,00	12	9 300,00	travaille à mi-temps
ILLIN Nicole	Mensuelle		1 550,00	12	14 880,00	travaille à temps partiel 80 %
	Primes de Noël		140,00	4	560,00	à temps plein toute l'année
			70,00	4	280,00	les autres
	Total CDI				**134 106,20**	
	Contribution formation pour les CDI			0,55 %	737,58	

Salariés en CDD						
NOM	**BASE**	**Brut horaire**	**Brut mensuel**	**Quantité**	**MONTANT**	
MUDER Bernard	taux horaire SMIC		1 466,62	4,5	6 599,79	
OUDOT Valia	taux horaire SMIC		1 466,62	1,5	2 199,93	
PERGET Roger	taux horaire SMIC		1 466,62	4,5	6 599,79	
	prime du chauffeur		150,00	1	150,00	
	Total CDD				**15 549,51**	
	Contribution formation pour les CDD			1 %	155,50	
	Contribution formation pour les deux catégories				893,08	

2. La FAFSEA propose deux formations adaptées à la situation :
- FORBLEU 34 CONF qui doit être organisée en priorité et qui conviendrait à Élise Maurer ;
- FORBLEU 32 DEB qui conviendrait à Jane Marcel, formation non indispensable mais qui pourrait s'avérer utile dans l'avenir.

Le montant des deux formations dépasse de 56,92 € le budget formation, mais la formation de Mme Marcel se justifie notamment en cas de nécessité de remplacer Mme Maurer ou en cas de surcroît de travail.

18 Connaître les procédures et formalités de départ du salarié

Exercice 1 (p. 104)

1. Documents à remettre au départ de la salariée

Calcul du solde de tout compte

Rubriques	Éléments de calculs	Calculs	
Salaire brut de juin N	SMC en N : 1 395,36 Groupe 4 (+ 24,75 %)	1 395,36 345,35	1 740,71
Indemnités de congés payés			789,11
Prime d'ancienneté 1 % du SMC du groupe 3	SMC de N : 1 395,36 groupe 3 (+ 17,57 %)	1 395,36 245,16 = 1 640,52 × 1 %	16,40
Salaire brut			2 546,22
Calcul des cotisations salariales	2 546,22 × 21,7 %	552,53	
Salaire net	2 546,22 – 552,53		1 993,69

Reçu pour solde de tout compte

Aquaforme et Beauté
36, rue de la Gare
79000 Niort
05 49 28 09 27

REÇU POUR SOLDE DE TOUT COMPTE

Je soussignée, Mme Nathalie Ravier, demeurant 1, rue de Solférino 79000 à Niort, reconnais avoir reçu pour solde de tout compte de l'entreprise Aquaforme et Beauté, domiciliée 36, rue de la Gare à Niort 79000, la somme nette de 1 993,69 € (mille neuf cent quatre-vingt-treize euros soixante-neuf centimes) en paiement des salaires, accessoires de salaires, et de toutes indemnités quels qu'en soient la nature ou le montant qui m'étaient dus au titre de l'exécution et de la cessation de mon contrat de travail.

J'ai connaissance que je peux dénoncer ce reçu dans un délai de 6 mois.
Le présent reçu pour solde de tout compte a été établi en double exemplaire dont un m'a été remis.

Fait à Niort, le 30 juin N
La salariée : (signature précédée de la mention manuscrite « pour solde de tout compte »)
Nathalie Ravier

Certificat de travail

Aquaforme et Beauté
36, rue de la Gare
79000 Niort
05 49 28 09 27

CERTIFICAT DE TRAVAIL

Je soussigné, R. Wenk, Directeur de l'entreprise Aquaforme et Beauté, certifie que Mme Nathalie Ravier, demeurant 1, rue de Solférino 79000 Niort, a occupé un emploi de professeur de sport, du 1er février N-2 au 30 juin N.

Fait à Niort, le 30 juin N
Le Directeur d'Aquaforme et Beauté
R. Wenk

2. Oui, Mme Ravier doit pouvoir percevoir des allocations chômage bien qu'elle démissionne ; en effet, cette démission est considérée comme légitime puisqu'elle suit son conjoint qui est muté dans une autre région.

Exercice 2 (p. 107)

Calcul de la moyenne la plus favorable

Il est nécessaire de calculer la moyenne la plus favorable des 3 ou 12 derniers salaires bruts mensuels.

Moyenne des 3 derniers mois :

Cumul des salaires	1 131,43 × 3	3 394,29	
Prorata de la prime d'ancienneté	(69/35 × 24) × 3	141,94	
Reliquat de congés payés		350	
Prime de Noël		150	
		4 036,23	4 036,23/3 = 1 345,41

Moyenne des 12 derniers mois

Cumul des salaires	1 650 × 9	14 850	
	1 131,43 × 3	3 394,29	
Prime d'ancienneté	69 × 9	621,00	
	(69/35 × 24) × 3	141,94	
Reliquat de congés payés		350	
Prime de Noël		150	
		19 507,23	19 507,23/12 =1 625,60

La moyenne la plus favorable est celle calculée sur les 12 derniers mois (ce qui s'explique du fait de la baisse de salaire due au passage au temps partiel).

Calcul de l'indemnité de licenciement

L'indemnité légale de licenciement est égale à 1/5 de mois de salaire par année d'ancienneté. Alice a 6 ans d'ancienneté à la fin de l'année N.

1 625,60/5 × 6 = 1 950,72 €

(On peut vérifier que la somme proposée à Alice correspond à un calcul effectué sur la moyenne des 3 derniers mois : 1 345,41/5 × 6 = 1 614,49 €).

Alice est donc en droit de contester l'indemnité de rupture conventionnelle qui lui est proposée.

19 Mettre en œuvre une démarche de résolution de problèmes

Exercice 1 (p. 112)

Calculs *(réalisés sous tableur Excel)* :

Causes des retours	Nombre	%	Cumul
Couleurs non conformes	1 276	29,67	29,67
Qualité des accessoires insuffisante	1 250	29,07	58,74
Erreurs de taille	860	20,00	78,74
Qualité des tissus insuffisante	314	7,30	86,05
Montage de mauvaise qualité	286	6,65	92,70
Malfaçons/défauts	252	5,86	98,56
Erreurs de modèle	62	1,44	100,00
	4 300		

Graphique de Pareto :

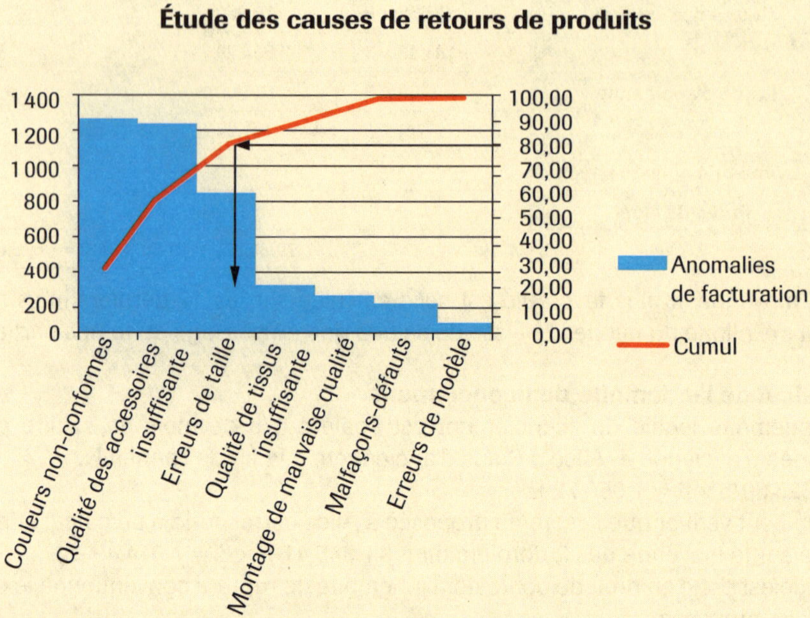

On constate ici que la loi des 20/80 n'est pas vérifiée, car 3 causes de retours sur 7 (soit 43 % environ) représentent 80 % des anomalies.

Exercice 2 (p. 112)

Diagramme d'Ishikawa :

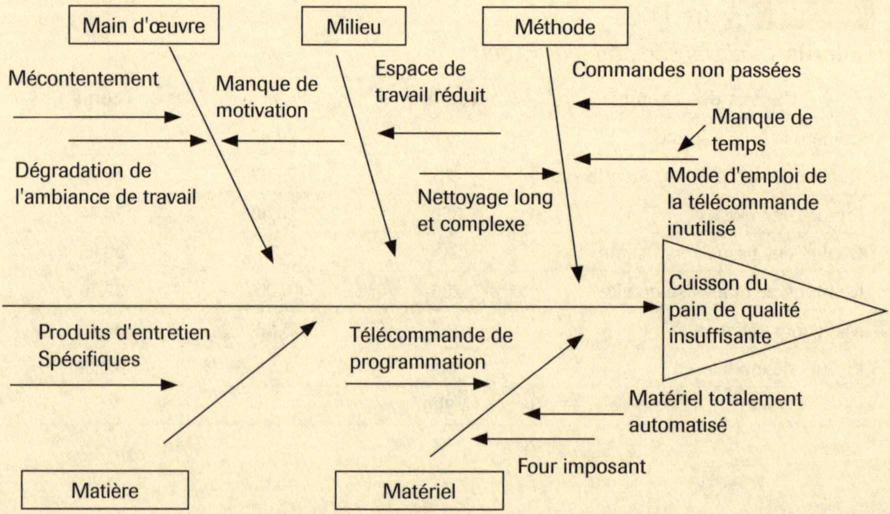

Exercice 3 (p. 113)

INDICATEURS	Période		
	Prévisions	Réalisations	Écarts
Utilisation des badges magnétiques			
Nombre total de badges			
Nombre total de personnes autorisées à circuler dans l'entreprise			
Nombre total de personnes qui ont utilisé le badge pour circuler dans l'entreprise			
Qualité technique du fonctionnement des badges			
Nombre de badges rejetés par le lecteur			
Nombre de pannes du lecteur			
Nombre de badges détériorés			
Nombre d'interventions de maintenance			
Anomalies détectées			
Nombre de badges volés			
Nombre d'intrusions sans badge			
Nombre de badges perdus			

20 Améliorer l'organisation du travail administratif

Exercice 1 (p. 118)

Diagramme imagé du processus de gestion des commandes

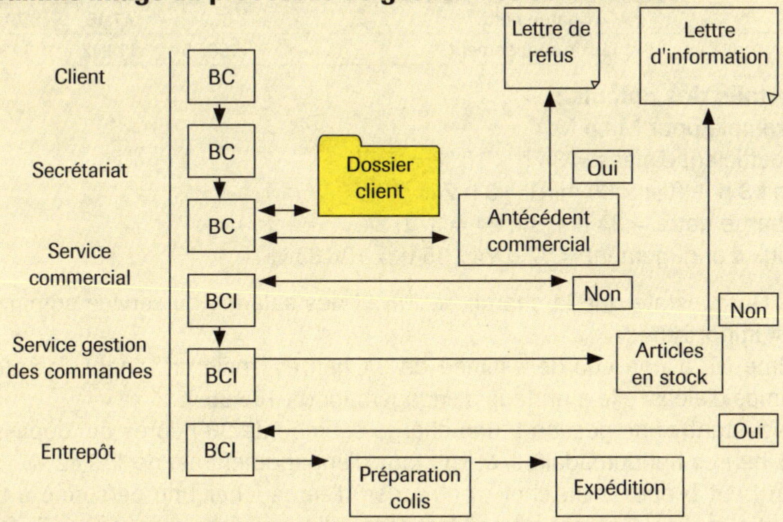

Légende : BC = bon de commande
BCI = bon de commande interne

Exercice 2 (p. 118)

1. Tableau de répartition des tâches du personnel administratif

Activités réalisées	Tâches	Temps de travail (heures)		Total (heures)
		Mme M.	AG	
Gestion administrative	Ouverture du courrier	3		3
	Rédaction de courriers et rapports	4	4	8
	Photocopies	2	2	4
	Préparation de réunions	3	2	5
	Organisation de déplacements	2		2
Sous-total		*14*	*8*	*22*
Gestion commerciale	Prospection	1	8	9
	Organisation d'événements	4	4	8
	Suivi clientèle	6		6
	Devis	4		4
	Suivi des commandes	5		5
Sous-total		*20*	*12*	*32*
Gestion comptable	Facturation		7	7
	Déclaration de TVA		2	2
	Suivi des comptes clients et fournisseurs		4	4
	Enregistrements comptables		4	4
	État de rapprochement		1	1
Sous-total		*0*	*18*	*18*
Charge estimée		34	38	72
Coefficient d'aléas (10 %)		3,4	3,8	7,2
Charge nette		37,24	41,48	79,12
Taux d'engagement		106,85	119,42	113,15

Détails des calculs :

Exemple pour Mme M. :

Coefficient d'aléas = 34 h × 10 % = 3,4 h.

Soit 3 h + (0,4 × 60 min) = 3 h 24.

Charge nette = 34 h + 3 h 24 = 37 h 24.

Taux d'engagement = 37 h 24 / 35 h = 106,85 %

2. On constate que la charge de travail des salariés du service administratif est importante :

Mme M. a une charge estimée de 34 heures, mais en tenant compte des temps d'aléas, elle a un taux d'engagement de 106,85 %.

L'assistant(e) de gestion a une charge estimée de 38 heures qui dépasse les 35 heures hebdomadaires, et son taux d'engagement est de 119,42 %.

On peut proposer au chef d'entreprise d'embaucher une personne à temps partiel ou un étudiant en apprentissage. Il sera alors nécessaire d'effectuer une autre répartition des tâches sous la forme d'un nouveau TRT.

21 Gérer l'emploi du temps

Exercice 1 (p. 123)

1.

Urgence de la tâche / Importance de la tâche	Tâche urgente	Tâche non urgente
Tâche importante	1 B, D, G, I, K	2 E, F, H, L
Tâche peu importante	3 J, M	4 A, C

2. Tableau prévisionnel des tâches

Emploi du temps semaine du 10 au 14, septembre N						
Nom	**Tâches**	**Durée prévue**	**Durée réelle**	**Écart**	**Niveau de priorité**	**Exécution**
	Lundi 10 septembre					
D	Achat ordinateur portable	2,00			1	
G	Convocation salarié entretien préalable	0,75			1	
I	Négociation emprunt bancaire	2,50			1	
	Sous-total heures lundi	5,25				
	Mardi 11 septembre					
J	Remplacement assistante d'accueil	4,00			3	
M	Téléphoner M. Dallon	0,15			3	
A	Téléphoner M. Delcos	0,25			4	
C	Téléphoner traiteur	0,35			4	
	Sous-total heures mardi	4,75				
	Mercredi 12 septembre					
B	Réception inspecteur du travail	2,00			1	
E	Réception candidats agent entretien	3,00			2	
	Sous-total heures mercredi	5,00				
	Jeudi 13 septembre					
K	Réception client important	3,00			1	
F	Recherches sur Internet	2,00			2	
	Sous-total heures jeudi	5,00				
	Vendredi 14 septembre					
H	Déplacement chez l'avocat	3,00			2	
L	Préparation du diaporama	2,00			2	
	Sous-total heures vendredi	5,00				
Totaux		25,00				

Explications pour le tableau prévisionnel des tâches

Les tâches doivent être traitées dans l'ordre des priorités chaque jour. Il faut planifier chaque jour environ 5 heures de tâches prévisibles, les 2 autres heures étant réservées aux tâches non prévisibles.

Exercice 2 (p. 124)

Agenda de Mme Laffleur

	Dimanche 8/09	Lundi 9/09	Mardi 10/09	Mercredi 11/09
6 heures		6 h 45 TGV Strasbourg-Paris		
7 heures				
8 heures				
9 heures	Randonnée Club Vosgien 9:00-18:00	Métro Gare de l'Est-Château de Vincennes 40 min		9:00-11:00 Visite des installations de Netz
10 heures		NETZDAY Parc floral de Vincennes	JARDIN DES PLANTES 10:00-14:00	
11 heures				Entretien avec le directeur de production M. Debruynck Durée : 1 h
12 heures				Transfert à l'aéroport d'Amsterdam 1 h
13 heures				
14 heures			Métro Jussieu-Gare du Nord 30 min	
15 heures			15:25 Train Paris-Rotterdam Arrivée à 18:01	15:20 Vol Amsterdam-Strasbourg Arrivée à 16:30
16 heures				
17 heures				
18 heures		Métro Château de Vincennes-Jussieu 30 min Timhôtel 7, rue Linné	Transfert de Rotterdam à Naaldwijk 40 min	Réunion Fédération 18:30
19 heures	Repas du club Restaurant d'Alsace		19:30 Dîner au restaurant « De Rood Tulp » puis hôtel « An den Haag »	
20 heures				

22 Planifier des prestations

Exercice (p. 129)

1. Le chemin critique est le suivant :

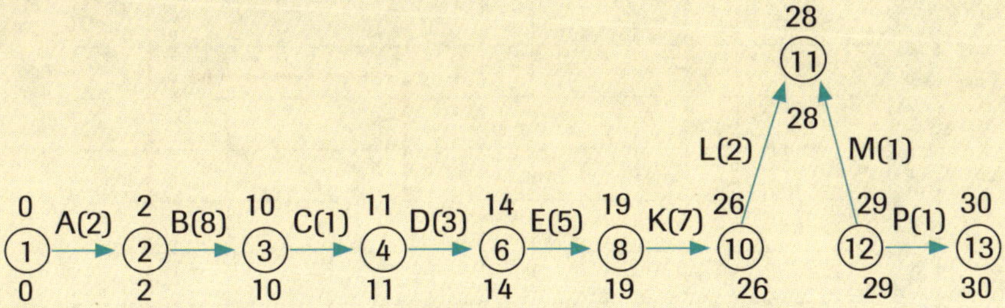

2.

Tâche	Durée	Étapes		Date de début au plus tôt	Date de fin au plus tard	Marge [1]	Tâche critique
		Début	Fin				
A	2	1	2	0	2	0	*A*
B	8	2	3	2	10	0	*B*
C	1	3	4	10	11	0	*C*
D	3	4	6	11	14	0	*D*
E	5	6	8	14	19	0	*E*
F	1	4	7	11	17	5	-
G	2	7	8	12	19	5	-
H	2	4	5	11	15	2	-
I	3	5	9	13	18	2	-
J	8	9	10	16	26	2	-
K	7	8	10	19	26	0	*K*
L	2	10	11	26	28	0	*L*
M	1	11	12	28	29	0	*M*
N	1	10	12	26	29	2	-
O	8	3	12	10	29	11	-
P	1	12	13	29	30	0	*P*

[1] Marge = date de fin au plus tard – date de début au plus tôt – durée.

3. La tâche D a une marge nulle : c'est donc une tâche critique. Aucun retard n'est autorisé sur cette tâche. Pour la tâche I, on peut se permettre un retard de 2 semaines sans modifier la date de fin de projet. Pour la tâche O, on peut se permettre un retard de 11 semaines sans modifier la date de fin de projet. C'est d'ailleurs la tâche qui présente la marge de manœuvre la plus élevée avec un retard maximal de 11 semaines.

4. Diagramme de Gantt

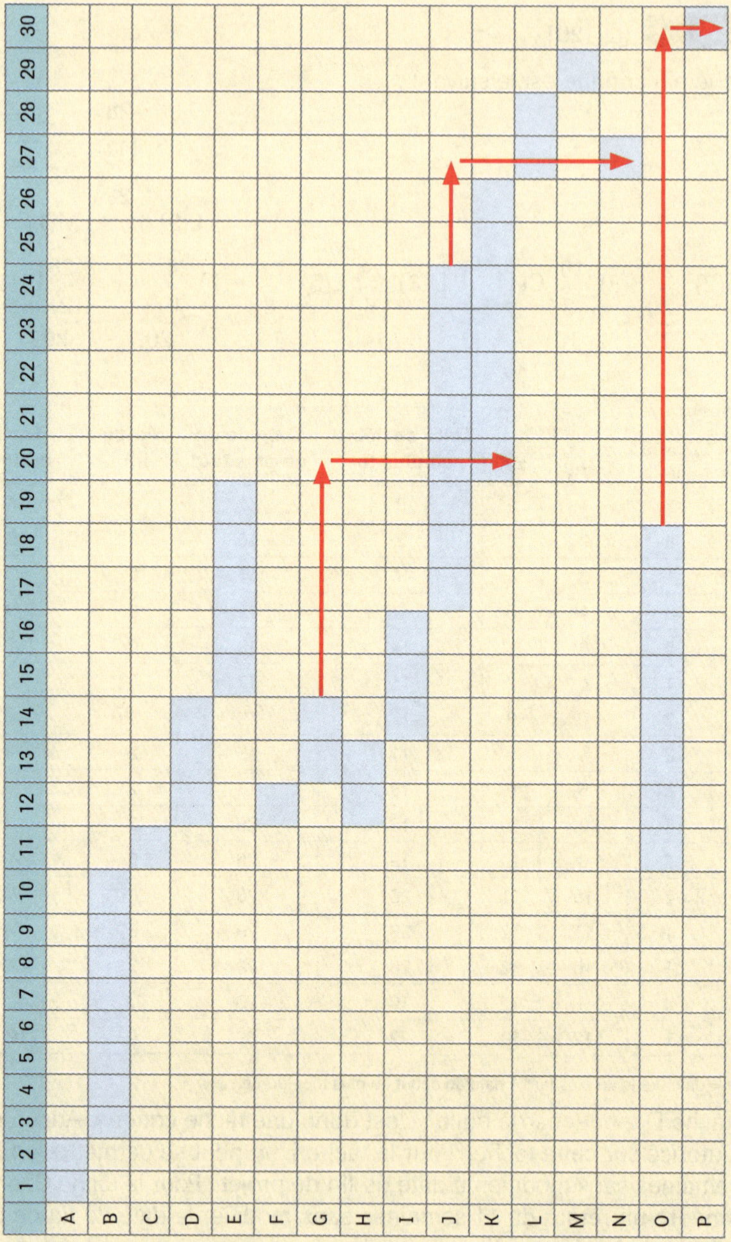

23 Organiser des déplacements

Exercice 1 (p. 134)

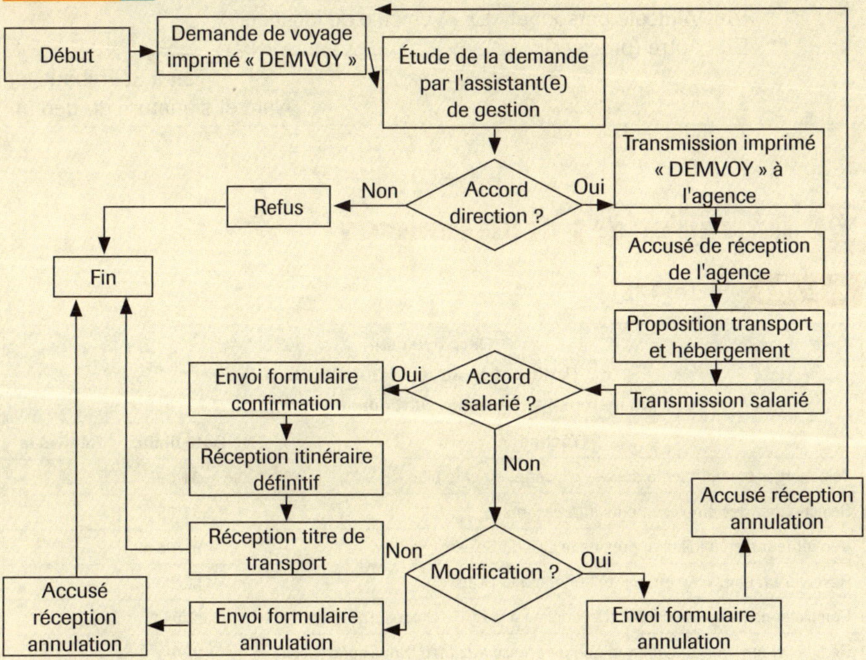

Exercice 2 (p. 135)

Ordre de mission

SAUERBREI
ZAC DE LA COURTILLIÈRE
11, RUE DE LA MARNE
77400 SAINT-THIBAUT-DES-VIGNES
01.60.07.26.38

ORDRE DE MISSION

CIVILITÉ : ☐ Madame ☐ Monsieur
NOM, PRÉNOM : LERMUSIAUX FRÉDÉRIC ....
SERVICE : Direction France ....
Se rendra à : Berlin Salon BBB (Allemagne) ....
DURÉE DE LA MISSION :
Date de départ : mercredi 13/10/N.... Heure : 7 h 30..................
Date de retour : jeudi 14/10/N.......... Heure : 20 h 30................
LIEU DE DÉPART :
☐ Lieu de travail ☐ Résidence personnelle
☐ Autre (préciser) :..............................

MOTIF DU DÉPLACEMENT : Prospection entreprises françaises au salon BBB ...
MOYEN(S) DE TRANSPORT UTILISÉ(S) :

☐ Train : préciser ☐ 1re classe ou ☐ 2e classe
☐ Avion : préciser classe ☐ économique ☐ 1re classe
☐ Véhicule personnel ☐ Véhicule de location
☐ Autre (préciser) :..

Fait à St-Thibaut, le
Nom et signature du gérant

24 Organiser des déplacements

Exercice (p. 138)

Flexpackaging Participation au salon DIONYSUD Du mercredi 2 novembre au vendredi 4 novembre N		
Tâches	**Date limite**	**Réalisé le**
Télécharger et imprimer le dossier d'inscription et le plan	31/05	
Sélectionner des emplacements intéressants	31/05	
Vérifier leur disponibilité auprès de la CCI de Béziers	01/06	
Réserver un emplacement par téléphone à la CCI	02/06	
Compléter et envoyer le dossier d'inscription à la CCI + chèque d'acompte (40 %)	02/06 *	
Rédiger et envoyer un communiqué de presse aux magazines spécialisés	22/08	
Rechercher et sélectionner un hôtel	29/08	
Réserver hébergement et repas du soir dans l'hôtel choisi	30/08	
Établir et saisir la base de données avec M. Laporte	29/09	
Commander 300 dépliants à l'imprimeur	30/09	
Réaliser et envoyer les invitations	30/09	
Envoyer le solde du règlement de stand à la CCI	30/09	
Rédiger et envoyer un communiqué de presse aux quotidiens locaux	17/10	
Réceptionner les dépliants	21/10	
Faire des photocopies des communiqués de presse pour le salon	21/10	
Regrouper le mobilier, les équipements, les documents…	24/10	
Contrôler le chargement de la camionnette avec M. Potier	30/10	
Installer le stand	01/11	
Déposer les photocopies des communiqués de presse	01/11	
Participer au salon	02 au 04/11	

* L'assistant(e) est en congés d'été du 23/07 au 14/08.

25 Organiser le partage des documents

Exercice (p. 141)

Courriel convoquant les directeurs et responsables de service à la réunion du lundi 2 juillet N

De :	assistant(e).gestion@coverland.fr
À :	Directeurs ; Responsables de service
Objet :	Convocation à la réunion à distance du 2 juillet N

Mesdames, Messieurs,

Dans le but de réduire les coûts liés aux nombreux déplacements, nous avons décidé d'organiser à partir du lundi 2 juillet N la réunion hebdomadaire du lundi matin par visioconférence.

La réunion du 2 juillet N commencera à 9 heures précises. L'ensemble des directeurs et des responsables de service y sont conviés, et la présence de tous est indispensable.

L'ordre du jour est le suivant :

- analyse des résultats du mois de juin N ;
- présentation de l'accord d'intéressement ;
- renouvellement partiel des véhicules commerciaux.

Afin d'être opérationnels, vous avez reçu il y a quelques jours une notice d'utilisation du logiciel Cyber-Réunion qui vous sera utile pour préparer la réunion.

Je reste à votre disposition.

Cordialement,

L'assistant(e) de gestion

26 Gérer la messagerie électronique

Exercice (p. 143)

Note aux salariés sur la protection des mots de passe

Émetteur : Assistant(e) de gestion	Destinataires : Ensemble des collaborateurs
Objet : Protection des mots de passe des adresses de messagerie	Date : Aujourd'hui

Note d'information

N° XX

Chers collaborateurs,

Suite au changement de fournisseur d'accès Internet dans l'entreprise, vous allez utiliser une nouvelle adresse de messagerie électronique. Votre identifiant et le mot de passe provisoire vous ont été communiqués.

Il vous sera demandé lors de votre première connexion de modifier ce mot de passe. Afin de le choisir dans le respect des règles de protection des données de l'entreprise, nous vous rappelons les consignes essentielles de sécurité :

1. Votre mot de passe doit comporter au moins 8 caractères.
2. Évitez de choisir un mot de passe trop simple : mélangez des chiffres, des lettres, des majuscules, des minuscules, voire des caractères spéciaux (exemple : Rby15%hJ5p).

3. N'utilisez pas comme mot de passe des informations connues de votre entourage (votre date de naissance, la ville où vous êtes né(e)…), ni des mots issus du langage courant.
4. N'utilisez pas le même mot de passe que celui de votre identifiant d'accès au réseau.
5. Ne cochez pas la case « Mémoriser le mot de passe » même si le système vous le propose.
6. N'écrivez pas votre mot de passe sur une feuille volante, si vous craignez de l'oublier ; inscrivez-le dans un agenda en le mélangeant à un ensemble d'informations pour qu'il passe inaperçu.
7. Changez votre mot de passe régulièrement (en moyenne deux à trois fois par an).
8. Ne communiquez pas votre mot de passe à votre entourage.

Nous vous remercions de tenir compte de ces consignes.
Nous restons à votre disposition.
L'assistant(e) de gestion

27 Accueillir et communiquer en face à face

Exercice 1 (p. 146)

FICHE D'ACCUEIL VISITEUR *Date* :..........................
Heure :..........................

VISITEUR
Particulier ☐ Professionnel ☐
Qualité : ....
Nom : .... Raison sociale : ....
Prénom : ....
Adresse : ....
....

OBJET DE LA VISITE
Rendez-vous ☐ Demande d'information ☐
Réclamation ☐ Autre ☐
Observations : ....
....

COLLABORATEUR À RENCONTRER *Oui* ☐ *Non* ☐
Nom : ....
Prénom : ....
Service : ....
Poste : ....
N° de poste : ....
Collaborateur disponible ? *Oui* ☐ *Non* ☐

RÉSULTAT DE LA VISITE
....
....

Exercice 2 (p. 146)

1.

Faciliter l'accès à l'espace accueil et améliorer son environnement

– S'assurer que la signalisation est appropriée.
– S'assurer que les conditions de confort sont adaptées au lieu.
– S'assurer de la propreté du lieu et des abords de l'entrée.

Offrir un accueil aimable et efficace

– Prendre en charge le client potentiel dès son arrivée avec un mot de bienvenue.
– Limiter le temps d'attente ou le rendre plus acceptable en aménageant un espace où le client peut consulter des revues ou des brochures faisant éventuellement la promotion de la société.
– S'assurer que la priorité est donnée à l'accueil des clients potentiels par rapport à d'autres tâches moins urgentes.

Informer et renseigner les clients potentiels

– Mettre à leur disposition des informations claires et précises sur les services proposés.
– En période de fermeture des locaux, s'organiser pour offrir un service minimum d'informations (dépliants à l'extérieur, serveur vocal ou informatique…).
– Être à l'écoute des désirs de la clientèle et personnaliser les réponses. S'assurer que les réponses correspondent à ses attentes.
– Présenter les services aux clients.
– Afficher clairement le prix des prestations proposées et les modalités de paiement.

Améliorer les prestations offertes

– Adapter les prestations selon les besoins formulés par les clients potentiels.
– Prévoir une solution alternative de qualité équivalente ou supérieure quand le service ne peut pas être rendu.

Mesurer la qualité de l'accueil

– Mettre à la disposition des clients potentiels un cahier de suggestions, une boîte à idées ou un questionnaire pour évaluer leur satisfaction de l'accueil.
– Recueillir et analyser les avis du personnel (boîte à idées, réunions).
– Organiser une collecte régulière des données recueillies (clients et personnel) et procéder à leur analyse.

2. Les moyens pour faciliter le contact avec les clients étrangers potentiels sont les suivants :
– Faire intervenir un collaborateur compétent capable de s'exprimer en une ou plusieurs langues lorsque l'organisation le permet.
– Disposer de plaquettes rédigées dans les langues les plus utilisées.
– S'assurer que l'information fournie sur les plaquettes aux clients étrangers est claire et comprise, par exemple en leur demandant de remplir un questionnaire (rédigé dans leur propre langue) afin de contrôler les points de communication ciblés.

Exercice 3 (p.147)

Questionnaire de satisfaction

Évaluez la qualité de notre accueil !

1 Que pensez-vous de la qualité de notre accueil ?

☐ Excellente ☐ Bonne

☐ Médiocre ☐ Insuffisante

2 Comment évaluez-vous les critères suivants :

	Très bien	Bien	Assez bien	Médiocre	Mauvais
La facilité d'accès	☐	☐	☐	☐	☐
L'espace d'accueil	☐	☐	☐	☐	☐
L'accueil (sourire, amabilité)	☐	☐	☐	☐	☐
La disponibilité	☐	☐	☐	☐	☐
L'écoute	☐	☐	☐	☐	☐
La qualité des réponses	☐	☐	☐	☐	☐
Le professionnalisme	☐	☐	☐	☐	☐
L'efficacité	☐	☐	☐	☐	☐
Le temps d'attente	☐	☐	☐	☐	☐

3 Observations :

....

....

4. Êtes-vous :

☐ Particulier ☐ Professionnel

5 Quel est votre statut ?

☐ Client ☐ Fournisseur ☐ Demandeur d'emploi

☐ Autre, précisez s'il vous plaît :

....

28 Accueillir et communiquer au téléphone

Exercice (p. 151)

1.

Charte du bon comportement lors de l'accueil téléphonique

- Décrocher avant la troisième sonnerie.
- Dire « bonjour » avec le sourire.
- Se présenter.
- Identifier son interlocuteur.
- Soigner son expression, parler lentement et distinctement.
- Écouter la demande.
- Reformuler.
- Poser toutes les questions utiles.
- Proposer une réponse claire et rapide.
- Orienter l'appelant vers la personne compétente.
- Prendre note d'un message.
- Noter les coordonnées de l'appelant.
- Résumer les éléments essentiels de la conversation.
- Prendre congé.

2. *Remarque : on peut utiliser la fonction « formulaire » sous traitement de texte pour concevoir un modèle de fiche de réception d'appel.*

Société Laval

Fiche de réception d'appel

Date de l'appel :

Heure de l'appel :

Nom de l'interlocuteur :

Société : (facultatif)

Fonction : (facultatif)

Raison de l'appel :

Message à l'attention de :

- ☐ Réclamation
- ☐ Demande de rendez-vous
- ☐ Demande d'informations

Observations :

Doit rappeler :	**Rendez-vous** :	**À rappeler** :
	Avec :	
Le à	Le à	Le à

29 Contribuer à la communication institutionnelle

Exercice (p. 156)

1.

Tâches à accomplir	Jour prévu
Renvoyer le dossier d'inscription complété Conserver un double	J – 90
Payer l'acompte des frais de participation au salon de 960 € Montant des frais de participation : (200 + 1 800) = 2 000 € HT 2 000 × 1,20 = 2 400 € TTC Verser un acompte de : 2 400 × 40 % = 960 €	J - 90
Verser le solde des frais de participation : 2 400 × 60 % = 1 440 €	J – 60
Préparer les maquettes (affiches, plaquettes, cartons d'invitation)	J – 40
Déposer les maquettes chez l'imprimeur	J – 30
Récupérer les affiches, les plaquettes et les cartons d'invitation	J – 27
Envoyer les cartons d'invitation par la poste	J – 21
Réserver l'hôtel-restaurant	J – 20
Acheter les verres	J – 7
Acheter les plantes	J – 3
Charger le camion Effectuer le trajet aller Installer le stand	J – 1
Déroulement du salon, tenue du stand de dégustation	J et J + 1
Débarrasser le stand Effectuer le trajet retour	J + 2

2. Coût total de l'opération HT

(On retient les sommes hors taxes car l'entreprise récupère la TVA payée sur ses achats de biens et services.)

Postes	Calculs	Montants (en €)
Location du stand	200 + 1 800	2 000,00
Plantes	60	60,00
Montant des frais de location du stand		**2 060,00**
Affiches	10 × 20	200,00
Plaquettes	500 × 0,25	125,00
Cartons d'invitation	150 × 0,10	15,00
Frais postaux	75	75,00
Montant des frais de communication		**415,00**
Verres	100 × 1	100,00
Bouteilles	100 x 3	300,00
Montant des frais de dégustation		**400,00**

Postes	Calculs	Montants (en €)
Chambres	3 × 3 × 50	450,00
Repas	3 × 5 × 15	225,00
Carburant (aller-retour)	2 × 70	140,00
Péages (aller-retour)	2 × 30	60,00
Montant des frais d'hébergement et de déplacements		**875,00**
Coût total de la participation au Salon du Goût		***3 750,00***

3.

COMMUNIQUÉ DE PRESSE DE L'ENTREPRISE PATRICK SERRAT

Pour publication le 20 juin N

TITRE : *La société Patrick SERRAT présente au Salon du Goût les 26 et 27 juin N à Nyons*

CHAPEAU : La société Patrick Serrat, société artisanale de jus de fruits bio située à Saint-Étienne-de-Fontbellon en Ardèche, sera présente au prochain Salon du Goût de Nyons pour faire partager son savoir-faire artisanal et régional à travers des dégustations de produits.

CORPS DU COMMUNIQUÉ :

La société Patrick Serrat qui a plus de 150 ans d'existence est une société artisanale de fabrication de jus de fruits bio ancrée dans la région de l'Ardèche. Son savoir-faire traditionnel et régional met en valeur les méthodes d'extraction des jus à froid à partir de fruits locaux sélectionnés pour leur qualité, ramassés à maturité, gorgés de soleil.

La conservation des jus de fruits par pasteurisation assure une stabilité au produit irréprochable pendant 3 ans.

Le Salon du Goût des 26 et 27 juin N sera l'occasion de proposer aux visiteurs une dégustation des produits, les consommateurs étant toujours plus soucieux d'une alimentation saine et respectueuse de l'environnement.

FIN DU COMMUNIQUÉ :

À propos de la société Patrick *Serrat* : la société Patrick Serrat a été fondée à la fin du XIXe siècle par Félicien Serrat. La société transmise de père en fils a été reprise par Patrick Serrat, l'arrière-petit-fils, en 1990. Aujourd'hui, cette entreprise bénéficie d'une excellente image dans la région, qu'elle souhaiterait étendre à l'ensemble du territoire.

###

Pour plus d'information, contacter l'assistant(e) de gestion au
04 02 XX XX XX.
Société Patrick Serrat
10, chemin du Rocher
07200 Saint-Étienne-de-Fontbellon
Contact@PSerrat

30 Préparer une campagne de communication par les médias

Exercice 1 (p. 162)

1. L'axe est l'élément psychologique de la publicité. Ici, on peut choisir l'authenticité pour la fabrication du savon de manière traditionnelle à partir de produits naturels locaux.
Plusieurs thèmes sont envisageables :
- Mettre en valeur le mode de fabrication traditionnel des produits, le savoir-faire.
- Mettre en valeur les produits naturels locaux, produits qui font du bien (produits de beauté et produits de jouvence).
- Mettre en valeur la Provence, la nature, le soleil, etc.

2. Coût pour mille utiles = (Coût de l'insertion dans le média/Audience utile) × 1 000

Mensuels choisis	Audience utile	Tarif de la ½ page	Coût pour mille utiles
Mensuel A	49 875	1 650 €	33,08 €
Mensuel B	26 000	3 240 €	124,62 €
Mensuel C	31 569	1 398 €	44,28 €

On constate que le mensuel le plus intéressant est le mensuel A, suivi du mensuel C.

3. Média planning

• Le budget de la campagne est de 15 500 €, il ne faut pas le dépasser. La campagne s'étend sur 6 mois d'avril à septembre N.
- On peut proposer une insertion dans le mensuel A par mois, soit 1 650 × 6 = 9 900 €
- Il reste 5 600 € de budget pour proposer des insertions dans le mensuel C. 5 600 ÷ 1 398 = 4 pages. On peut proposer les trois premiers mois pour assurer une bonne mémorisation, puis août, par exemple.
Le budget total s'élève à : 5 592 + 9 900 = 15 492 €.

• Le média planning :

	Avril	Mai	Juin	Juillet	Août	Septembre
Mensuel A	X	X	X	X	X	X
Mensuel B	X	X	X		X	

Exercice 2 (p. 162)

1. Analyse de l'enquête

Comment avez-vous connu notre société ?	% du nombre de contacts par média	% du nombre de commandes par média	% du CA par média	Montant moyen des commandes par média
Anciens clients	20,50	26,39	30,38	600,34
Par recommandation (bouche-à-oreille)	21,28	25,88	23,97	482,97
Les Pages jaunes	35,21	22,45	12,48	290,00
Le Monde des Artisans	7,04	6,27	18,99	1 580,00
Catalogue distribué aux entreprises	13,93	16,68	12,48	390,00
Autres	2,03	2,33	1,69	380,00
Total	100,00	100,00	100,00	521,50

2.

Médias	Montant du budget	% par média
Les Pages jaunes	3 000,00	13,70
Le Monde des Artisans	15 000,00	68,49
Catalogue distribué aux entreprises	3 900,00	17,81
Total	21 900,00	100,00

Le Monde des Artisans : 6 annonces à 2 500 €
Le catalogue : 1 200 + 700 + 2 000

31 Communiquer par le parrainage

Exercice (p. 165)

1. Contrat de parrainage

Entre les soussignés :
M. Jacques Kerfone, skipper, établi à La Trinité-sur-Mer
d'une part
et
La société Trinidad, établie à Brest et représentée par son gérant, M. Paul Trinit
d'autre part
Il est arrêté ce qui suit :

Article 1 : Objet du contrat.
La société Trinidad apporte son soutien financier pour les trois courses qui interviendront dans le courant de l'année suivante :
- la Route du Rhum ;
- la Transat en solitaire ;
- la Course de l'Europe.

Article 2 : Rémunération.
La société Trinidad versera au skipper Jacques Kerfone la somme de 10 000 € (dix mille euros) par course, chaque somme étant versée au plus tard 15 jours avant le départ de la course.

Article 3 : Obligations du skipper.
- Diffusion du nom et du logo de l'entreprise sur les supports de communication.

Le nom et le logo de l'entreprise seront diffusés sur les supports suivants : véhicule personnel du skipper, vêtements du skipper et de ses équipiers, voile du bateau.
- Accès privilégié aux manifestations des courses.

Lors du départ et de l'arrivée de chaque course, le skipper s'engage à fournir un accès privilégié auprès de son bateau à la société Trinidad pour effectuer des actions de communication publicitaire.
- Obligation de non-concurrence et de confidentialité.

Le skipper s'engage à ne pas faire de publicité pour une marque concurrente agissant dans le même domaine d'activité. Chacune des parties s'engage à considérer les clauses du présent contrat comme étant confidentielles.

Article 4 : Durée de la présente convention.
La présente convention est conclue pour la durée des trois courses. Elle n'est pas renouvelable, sauf accord commun entre les parties.

Article 5 : Résiliation et annulation de l'action.
Le présent contrat sera résilié de plein droit à tout moment et sans préavis, au cas où l'une des parties manquerait à ses obligations contractuelles. En cas d'annulation d'une course, la somme prévue ne sera pas versée. Si le skipper est dans l'impossibilité de participer à une course, il s'engage à restituer la rémunération prévue à la société Trinidad, sauf cas de force majeure.

Article 6 : Litige.
Les parties conviennent de soumettre tout litige pouvant survenir à l'occasion de l'interprétation et/ou de l'exécution du présent contrat au tribunal de commerce de Brest.
Fait à ...., le ....

En deux exemplaires originaux
Signature des deux parties.

2. Les actions à entreprendre avant le départ ont pour but de médiatiser l'événement ; pour cela, il est nécessaire de :

- réserver un emplacement sur le site, de préférence proche du bateau ;
- choisir la décoration du stand et le plan d'action à mener pendant l'opération (distribution d'objets publicitaires ou de lots, dégustations…) ;
- envoyer des invitations à des personnes connues (hommes politiques, sportifs, etc.) ;
- inviter le personnel de l'entreprise ;
- prévoir l'organisation des visites du bateau (planning et sécurité) ;
- créer un dossier de presse ;
- contacter les journalistes et les rencontrer afin de promouvoir le projet et organiser des interviews du skipper et des membres de son équipe.

Le jour du départ de la course, il faut :

- installer le stand devant le quai où est ancré le bateau ;
- organiser les visites du bateau par le public ;
- distribuer des objets publicitaires portant le logo de la société ;
- distribuer gratuitement des produits de la société (biscuits de tradition locale), organiser une dégustation.

32 Préparer une campagne de communication hors médias

Exercice (p. 170)

1. Le prospectus est distribué, c'est un ISA (imprimé sans adresse), il a un format réduit A5, les quatre couleurs exigées.
Sa forme est commerciale, le produit est présenté par une ou plusieurs photos, le nom du modèle est mis en évidence.
L'entreprise doit être facilement identifiée par son logo, sa raison sociale, ses coordonnées (adresse, téléphone, site Internet, adresse électronique).
La mise en page est aérée, esthétique (photos, utilisation des couleurs), le texte est lisible (pas de surcharge).
L'offre commerciale est mise en évidence par l'accroche : La serre de jardin PRO 16, de qualité professionnelle, au prix de lancement exceptionnel de -15 % pour toute commande passée avant le 31 octobre N.

2. Lettre type

Serres de France
Adresse
87000 Limoges

« Titre » « Nom » « Prénom »
« Adresse »
« Code postal » « Ville »

Limoges,
Le « date du jour»

Objet : Offre promotionnelle.
Pièce jointe : plaquette Modèle Pro 16

« Titre »

Faire l'acquisition d'une serre de jardin est un investissement à long terme,

Alors, faites le bon choix tout de suite !

Depuis de nombreuses années, notre société Serres de France est entièrement dédiée à la serre de jardin. Nous souhaitons désormais mettre cette expérience professionnelle au service des particuliers amateurs d'horticulture et de jardinage.

Nous vous proposons notre modèle de base PRO 16 dont les caractéristiques figurent sur la plaquette jointe, mais il existe également quatre autres ensembles modulables de qualité irréprochable, esthétiques et faciles à monter.

Pour toute commande passée avant le 31 octobre N, nous avons le plaisir de vous accorder une remise exceptionnelle de lancement de – 15 %.

N'attendez plus, contactez-nous vite au (numéro de téléphone), par courriel (adresse électronique) ou sur notre site Internet (adresse du site).

Nous vous prions de croire, « Titre » « Nom », en nos respectueuses salutations.

M. Antoine
(Fonction)

PS : N'oubliez pas – 15 % jusqu'au 31 octobre N !

N° d'éditeur : 10238177 – JOUVE
Dépôt légal : août 2017
Imprimé en France par l'imprimerie Clerc.
N° d'imprimeur : 14526